Découvrez l'histoire par les archives de presse

RETRONEWS

Le site de presse de la BnF

www.retronews.fr

SOCIÉTÉ
DES
Sciences, Lettres, Arts
& d'Etudes Régionales
DE Bayonne

BVLLETIN TRIMESTRIEL
NVMÉROS 3 & 4,
:: ANNEE M.CM.XX.VI ::

BAYONNE

IMPRIMERIE DU "COURRIER"

9, RVE JACQVES-LAFFITTE

M.CM.XX.VI

SOMMAIRE

(Voir la Table des Matières de 1926 à la fin du fascicule)

Les articles publiés dans le Bulletin restent l'œuvre exclusive et personnelle de leurs signataires.

La Société ne contracte aucune solidarité pour les idées ou les opinions qu'ils soutiennent.

Collection du Bulletin

Pour l'achat de fascicules, s'adresser au Trésorier de la Société, Villa Lachepaillet, La Ville en Bois, à Bayonne, ou au Musée Basque. 1, rue Marengo.

Avis Importants

Les sociétaires sont priés de notifier au Trésorier leur changement d'adresse. La Société ne peut assurer le service du Bulletin qu'en cas d'adresse exacte.

Le Bureau demande instamment que les cotisations soient versées, avant le 1er février de chaque année, soit par chèque postal Bordeaux 75-47 (prix 0.40) ou par virement chèque postal (prix 0.10) ou encore par versement à la Société Générale ou au Bureau des Entrées du Musée Basque, rue Marengo, Bayonne.

La quittance de mandat ou l'avis de transfert du Bureau des chèques postaux servira de suffisante quittance aux sociétaires.

Tous les frais de correspondance ou autres, nécessités pour le recouvrement des cotisations des retardataires seront, à notre grand regret mis à leur compte, la caisse de la Société étant dans l'impossibilité de les supporter.

Le Bureau.

Adresse pour Chèques-postaux : Bordeaux c/c 7547, *Société des Sciences, Lettres et Arts de Bayonne.*

Fig. 1. — Carte hypsométrique des vallées de la Nivelle, de l'Ugarana, de l'Arana
et du Baztan supérieur.

Echelle : $\frac{1}{100.000}$: Equidistance 20 m.

LE RELIEF DES PYRÉNÉES

entre Saint-Pée-sur-Nivelle et Elizondo

Grâce à l'aimable et distingué secrétaire de la Casa Consistorial d'Elizondo, auquel je renouvelle ici mes remerciements, j'ai pu consulter une superbe carte de la « Vallée de Baztan », une des plus importantes communautés pastorales des Pyrénées navarraises [1]. En réduisant l'échelle de cette carte de 1.20.000 à 1.100.000, en portant d'autre part à 1:100.000 l'échelle de la carte française au 1:200.000, j'ai tracé une carte hypsométrique englobant les vallées de la Nivelle et de ses affluents, l'Ugarana et le ruisseau du port de Maya, celles de l'Arana et du Baztan supérieur, à l'échelle de 1:100.000 et à l'équidistance de 20^m (fig. 1). Sa confrontation avec le terrain et les cartes géologiques [2], l'étude comparée des profils longitudinaux et transversaux des vallées suggèrent un certain nombre de remarques touchant le relief de la région comprise entre Saint-Pée-sur-Nivelle et Elizondo.

Sans entrer dans les détails d'ordre tectonique, dont l'exposé déborderait les cadres de cette courte note, je résumerai de la façon suivante la géologie de cette région. Au centre, entre le port de Maya et Urdax, s'allonge du N-E au S-O une bande de terrains primaires flanquée de grès triasiques : elle rattache l'un à l'autre les massifs cristallo-primaires de Labourd (monts Ursuia, Baïgou-

---

(1) Ce « Plano del Valle de Baztan », nous a-t-on dit, n'est lui même qu'un fragment d'une carte topographique en courbes de la Navarre, établie pour le compte de cette province par « D. Federico Montaner, del Estayo Mayor, con arreglo al levantamiento topografico realizado por ese cuerpo ». Elle sera bientôt publiée, si ce n'est déjà fait.

(2) Outre la carte géologique de France au 1:80000 (feuilles de Bayonne et de Saint-Jean-Pied-de-Port, actuellement en voie de révision) on consultera la carte géologique des Pyrénées au sud de Biarritz, au 1:200 000 de P. W. Stuart Menteath (Cf. P. W. Stuart Menteath : Sur les gisements métallifères des Pyrénées occidentales, dans Bull. de Biarritz-Association, Juin 1912) ; el Mapa geológico del Pais Vascongado, escala de 1:400.000 de R. Adán de Yarza (Cf. Bol. de la Comisión del Mapa geológico de España, XXVIII, 2ᵉ série, t. VIII, Madrid, 1906.)

ra, etc.) et de Guipuzcoa-Navarre (monts Arrinavareta, Haya, etc.). De part et d'autre de cet isthme primo-triasique on ne rencontre presque uniquement que des sédiments jurassiques et crétacés : au N. les calcaires marneux, schisteux et noirâtres du Cénomanien, après avoir formé la petite cuvette de Sare-Ainhoa-Zugarramurdi qui prend fin au contact d'un étroit pédoncule de schistes carbonifères issu du massif de Labourd, entre le S-O d'Espelette et le N. de Sare, s'étalent ensuite jusqu'à l'Océan (1) ; au S. ce sont les marnes triasiques, les calcaires marneux jurassiques et cénomaniens du synclinal de Bidarray-Elizondo.

Par suite de cette diversité de roches, le travail des eaux courantes a eu pour résultat l'individualisation de quatre contrées distinctes correspondant chacune à un type de paysage différent : le bas-pays labourdin, la cuvette de Sare-Ainhoa-Zugarramurdi, la région montagneuse du port de Maya, les vallées de l'Arana et du Baztan.

1. *Le bas-pays labourdin.* — Limité au S. par la Rhune, le pédoncule primaire de Sare-Espelette et le massif de Labourd, le bas-pays labourdin est constitué presque entièrement de calcaires cénomaniens aux plis arasés. Après l'émersion de la chaîne pyrénéenne, les eaux courantes transformèrent cette région de sédiments peu résistants en une pénéplaine inclinée du S. au N., mais une recrudescence de l'érosion survenue à l'époque quaternaire amena dans le Labourd la disparition presque complète de cette pénéplaine : il n'en subsiste que quelques fragments boisés, de 200 à 300 m. de haut, telles que les hauteurs situés au S-O de Saint-Pée-sur-Nivelle et de Souraïde.

Le reste du bas-pays est formé d'une infinité de croupes aplaties entre lesquelles les vallées, bordées de terrasses alluviales, déroulent leur ruban sinueux. Croupes et terrasses, dues au cycle d'érosion quaternaire, ont une altitude variant de 15 à 100 m : on les discerne nettement dans la partie septentrionale de la carte que nous publions (fig. 1) et dans la section gauche de la coupe A : tantôt couvertes de bois de chêne et de touyas où se mêlent ajoncs, fougères, bruyères et herbe, tantôt revêtues d'un vert manteau de pâturages marqueté de champs de maïs, elles sont souvent sur-

---

(1) Cette cuvette de Sare-Zugarramurdi est une petite « fenêtre » que laisse apparaître le flysch cénomanien sur lequel ont été charriés les massifs primo-cristallins de Labourd et de Guipuzcoa. Pour la bibliographie sommaire de cette question des charriages pyrénéens ainsi que pour l'ensemble du relief de cette partie des Pyrénées basques, voir Ch. Lefebvre : Le relief du versant septentrional des Pyrénées basques, entre les méridiens de Saint-Jean-Pied-de-Port et de Tolosa (An. de G. XXXV, 1926, pp. 245-258 et 309-321).

montées d'une ferme aux murs blancs, au lourd toit de tuiles d'un gris-rose, à demi-cachée derrière les noyers et les châtaigniers tutélaires.

2. *La cuvette de Sare-Ainhoa-Zugarramurdi*. — Après avoir remonté, en quittant Saint-Pée, la vallée de la Nivelle pendant quelques kilomètres, la route débouche dans la petite cuvette de Sare-Ainhoa-Zugarramurdi, creusée dans les marnes triasiques et le calcaire cénomanien par la Nivelle et son affluent le Lourgorrieta (rivière de Sare.)

La partie comprise entre Sare et Zugarramurdi est la moins évoluée à cause de la prédominance de l'érosion souterraine, comme en témoignent les grottes de Sare ; au N. de Zugarramurdi les

Fig. 2. — Vue de la cuvette d'Ainhoa, du haut de la côte 176
(Route d'Espelette à Ainhoa).

dolines, nombreuses et ramifiées, donnent même à la topographie un caractère nettement karstique. Le reste de la cuvette est drainé par la Nivelle et le Lourgorrieta qui ont créé les deux petites plaines alluviales d'Ainhoa et de Sare, hautes de 40 à 60^m, encadrées par des terrasses de 80 à 120^m. Plaines et terrasses forment une zone de cultures et de prairies, les agglomérations se groupant sur les terrasses (Ainhoa) ou sur des buttes d'ophite (Sare).

L'ensemble contraste remarquablement avec les hauteurs environnantes. Il suffit, pour s'en rendre compte, de s'arrêter un instant à la cote 176, sur la route d'Espelette à Ainhoa (fig. 2) : par un vallon boisé, aux flancs couverts de pommiers la vue plonge sur la plaine d'Ainhoa dont les croupes estompées par une légère brume ressemblent à de petites vagues. Dans la plaine même, par les beaux et calmes crépuscules d'été, quand flotte dans l'air

l'odeur délicieuse du regain fraichement coupé, on aime voir la
noire silhouette des maisons et du gros clocher d'Ainhoa se détacher
sur leur fond de montagnes encore teintées d'améthyste, tandis
qu'arrivent aux oreilles les bruits familiers du soir : grincements
du lourd chariot que le couple de bœufs ramène à la ferme, mu-
gissements des vaches que les enfants conduisent pour la nuit dans
les prairies d'alentour, tintement allègre de la cloche d'Ainhoa,
auquel répond dans le lointain celui de la cloche d'Urdax.

3. *La région montagneuse.* — La région montagneuse encadre
la dépression de Sare-Ainhoa-Zugarramurdi de trois côtés : à l'O.
au S. et à l'E. Elle est constituée par des calcaires dévoniens, des
schistes siluriens souvent quartzileux et des schistes carbonifères
— ceux-ci beaucoup plus tendres que les précédents : l'ensemble
forme une série de hauteurs massives de 200 à 500m., présentant
les caractrères d'une pénéplanation avancée, comme on peut en
juger du haut de la côte 176, sur la route d'Espelette à Ainhoa,
en regardant le plateau que dominent les pointements rocheux
de l'Ereby et de l'Atchuléguy (coupe A).

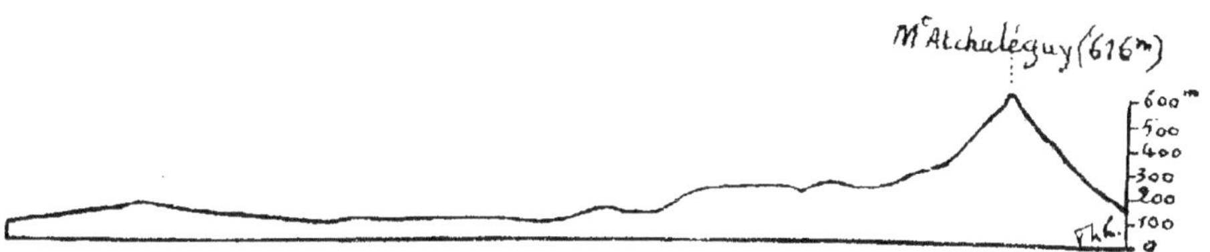

Coupe A. Du Mont Atchuléguy au Nord de Souraïde.

Echelle : 1 pour les hauteurs ; 1 pour les longueurs.
     40.000   80 000

Ces surfaces d'érosion sont flanquées au N. et au S., de surfaces
structurales de grès triasique, restes de l'ancien manteau de grès
triasique qui recouvrit primitivement tous les massifs primaires
du pays basque. Les couches de grès plongeant vers les dépressions
périphériques, il s'en suit que les surfaces structurales auxquelles
elles ont donné naissance présentent des versants dissymétriques,
le versant abrupt étant tourné vers l'intérieur des massifs et le
versant doux vers l'extérieur : tels sont, sur le rebord septentrional
de la zone primaire, la Rhune (900ᵐ), la Peña Plata (757ᵐ), l'Ibant-
telly (698ᵐ) et, sur son rebord méridional, l'Alcorrunz (936ᵐ) et le
Gorramendi (656ᵐ) dont le nom, — la montagne rouge—, répond
parfaitement à la coloration des grès triasiques.

Le point le plus facilement accessible de cette région montagneuse est le port de Maya (560m), auquel on accède par la route d'Ainhoa à Elizondo : de cet endroit on découvre un panorama qui ne manque pas d'ampleur. Au premier plan s'ouvre l'étroit et profond vallon d'un affluent de l'Ugarana ou rivière d'Urdax. Au second plan se dessine la cuvette de Sare-Ainhoa-Zugarramurdi, sur le bord occidental de laquelle se dresse, d'un seul jet, la Rhune. A l'infini, la plaine des Landes et la ligne bleue de l'Océan, en deçà desquelles s'estompent les collines du bas-pays labourdin.

1. *Profil longitudinal et transversal des vallées de l'Ugarana et de la Nivelle.* — Pour donner à cette vue d'ensemble sur le relief de cette partie du versant septentrional de la chaîne pyrénéenne une base plus précise encore, il est bon de considérer le profil longitudinal et transversal du ruisseau qui descend du port de Maya, de l'Ugarana et de la Nivelle (coupes B et C). Le thalweg formé par ces trois cours d'eau apparaît nettement divisé en deux parties distinctes. Dans la première, qui va de la source du ruisseau jusqu'à la courbe 100m., en amont d'Urdax, la pente moyenne est assez forte (0m 10 par mètre) : sur une longueur de 700m., le ruisseau du port de Maya est déjà descendu de 620m. à 460m., à raison d'une pente de 0m22 par mètre ; à 2 km 200 de sa source, il n'est déjà plus qu'à 200 m., sa pente restant de 0m 17 par mètre : à 5 km. environ de la source, le voici parvenu à 100 m. d'altitude, avec une pente de 0m.035 par mètre.

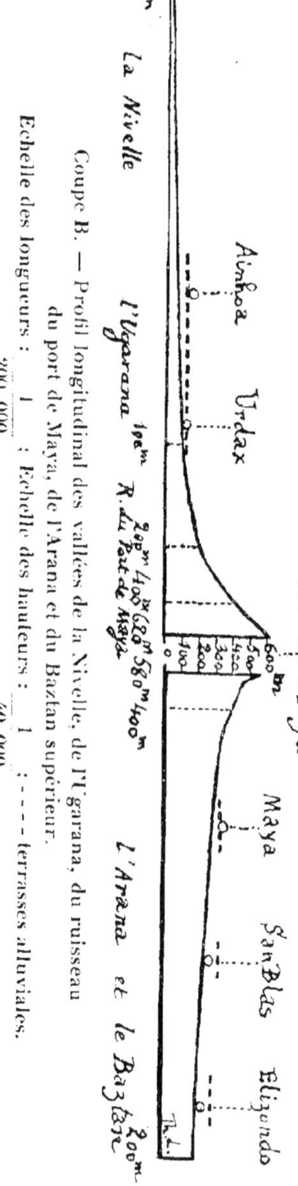

Coupe B. — Profil longitudinal des vallées de la Nivelle, de l'Ugarana, du ruisseau du port de Maya, de l'Arana et du Baztan supérieur.

Echelle des longueurs : $\frac{1}{200\,000}$; Echelle des hauteurs : $\frac{1}{40.000}$: - - - - terrasses alluviales.

Quant au profil transversal, en forme de V assez ouvert, il ne présente dans toute cette partie aucune terrasse.

Tout change à partir de la courbe 100^m : le thalweg s'élargit et peu en aval d'Urdax apparaissent les premières terrasses (audibar) : en même temps la pente devient très faible (0^{m}006 par mètre) et il faut parcourir plus de 13 km. pour atteindre la courbe de 20^m.

Coupe C. — Profil transversal des vallées du ruisseau du port de Maya, de l'Ugarana et de la Nivelle.

. . . . à la cote 400 m.

— — — — — · — à la cote 220 m.

— · · — · — — · · — à la cote 100 m. (Urdax).

à la cote 40 m.

5. *Profil longitudinal et transversal de l'Arana et du Baztan supérieur.* — Les vallées de l'Arana et du Baztan supérieur présentent un tout autre aspect (coupes B. et D.). L'Arana coule d'abord dans un ravin extrêmement raide passant de 580 à 460^m d'altitude sur un parcours de 300^m, — soit une pente de 0^{m}40 par mètre. Mais tout de suite après sa vallée s'élargit, s'aplanit et la route descend doucement sous l'épaisse frondaison des châtaigniers séculaires. A 4 km. de la source apparaît déjà une terrasse surmontée d'alluvions anciennes, dominant de 40^m les alluvions récentes du fond de la vallée : le village de Maya y étale des fermes aux robustes murailles de grès triasique. Vient ensuite la zone de confluence de l'Arana et de l'Aranea (rivière d'Errazu) où l'on remarque une ceinture continue de terrasses couverte de cultures et d'agglomérations (Zuastoy, Azpilcueta, Errazu, Bozate, Arizcun) ; après un léger resserrement la vallée s'élargit à nouveau pour former la plaine alluviale d'Elizondo, dont la double bordure de terrasses est jalonnée par les agglomérations de San Martial, Lecaroz, Echaïde, Ariztegui, Garzain.

Ainsi, à raison d'une pente moyenne de 0^{m}018 par mètre, le fond du thalweg est lentement passé de la cote 460^m à la cote 200 m. et

c'est à 11 km. de la source que cette dernière cote est située, tandis
qu'elle est atteinte en 2k^m 200 seulement par le ruisseau du port de
Maya.

6. *Interprétation.* — Cette dissemblance des deux thalwegs s'explique par les différences de conditions dans lesquelles travaillent
les eaux courantes au N. et au S. du port de Maya. Celles auxquelles
on songe tout d'abord sont d'ordre climatique, et il est bien certain
que si le versant méridional du port est bien arrosé — ses fouge-
raies parsemées de chênes-têtards, ses bois de chênes pédonculés
en font foi, — il est toutefois un peu moins humide que le versant
septentrional, comme le prouve l'absence du hêtre, présent au
contraire dans les ravins de l'autre versant, au-dessus de 500 ᵐ.

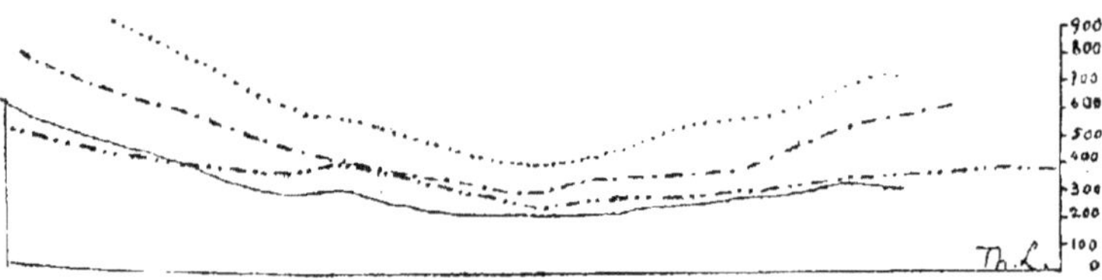

Coupe D. — Profil transversal des vallées de l'Arana
et du Baztan supérieur.

. . . . à la cote 400 m.
— · — · — · — · — · — à la cote 300 m. (Maya).
— · — · — · — · — · — à la cote 240 m. (San Blas)
——————— à la cote 210 m. (Elizondo).

Si, en été, quelques buées matinales flottent dans l'air pur, au village de Maya, au port même, on est dans le brouillard et toute la
partie supérieure du versant septentrional disparaît sous les
nuages : cette zone de condensation correspond précisément à celle
du hêtre.

Mais il ne faut pas exagérer ici l'importance du facteur climatique :
c'est la nature et la structure du sol, c'est l'évolution du réseau
hydrographique qui peuvent surtout expliquer les différences
précédemment notées entre les deux thalwegs. Sans entrer dans
une étude détaillée de la question, on peut en esquisser les grandes
lignes. Au N. du port de Maya la rivière « ruisseau du port — Ugarana — Nivelle » a toujours dévalé presque en droite ligne vers un
niveau de base extrêmement rapproché, l'Océan Atlantique : le
profil d'équilibre a donc pu être rapidement atteint ; comme elle
traverse au N. d'Urdax des sédiments peu résistants, on s'expli-

que qu'à partir de ce villages sa vallée devienne brusquement mûre, pour parvenir à la sénilité dès avant Saint-Pée-sur-Nivelle. Par contre, les terrains primaires affleurant au S. d'Urdax, la rivière a conservé en amont de ce village une relative jeunesse.

Au S. du port l'évolution du réseau hydrographique a été plus complexe qu'au N. Lors de l'émersion de la chaîne pyrénéenne, étant donné que les massifs primaires du pays basque, encapuchonnés de sédiments secondaires, décelaient leur présence par de légers bombements, le Baztan devait longer le rebord méridional du massif de Navarre-Guipuzcoa jusque vers Tolosa. Dans la suite il fut capturé par une rivière qui, née à Hendaye, avait finalement poussé sa source jusqu'à Santesteban, par érosion régressive : ainsi se trouva organisé le réseau actuel de la Bidassoa. A l'époque quaternaire se sont produits quatre recrudescences successives de l'érosion : les premières ont eu le temps de faire sentir leur répercussion jusqu'à la source de l'Arana, mais les dernières ne l'ont pas pu à cause de la distance qui sépare cette source du niveau de base, en raison surtout du ralentissement de l'érosion remontante à travers le massif cristallo-primaire de Navarre-Guipuzcoa : voilà pourquoi à Elizondo, distant de 14 km. du port de Maya, le fond de la vallée de Baztan se trouve encore à 210^m d'altitude. Quant à la maturité de la vallée de l'Arana, dès le pied même du port de Maya elle est due à ce qu'immédiatement au S. du port les schistes carbonifères font place aux marnes triasiques et jurasiques; le resserrement observé entre San Blas et Elvetea est provoqué par la présence d'un affleurement de grès triasique : ainsi commence le chapelet de petites plaines alluviales que l'on suit jusqu'à Ezcurra, à l'O. de Santesteban.

Telles sont les observations que suggère pour l'instant une étude sommaire du relief de la région comprise entre St-Pée-sur-Nivelle et Elizondo ; bien des questions d'un grand intérêt restent à résoudre : elles ne pourront l'être pleinement que grâce à une étude détaillée et définitive de la structure du sol et des niveaux d'érosion : l'apparition de la carte topographique en courbes de D. Federico Montaner contribuera grandement à faciliter la seconde partie de cette tâche.

TH. LEFEBVRE

Professeur de Géographie à la Faculté des Lettres,

Séraskérié-Constantinople Turquie.

MIGRATION ET HIBERNATION DES HIRONDELLES

Les migrations des hirondelles, comme aussi celles de divers oiseaux, offrent un intéressant sujet d'observation et d'étude. En Mars 1925, la violence constante des vents d'Est et du Sud-Est refroidis par les neiges, et en Avril, des temps à grains ont retardé d'une dizaine de jours environ les passages de retour. Le 10 Mars cependant, par un vent d'Est, deux couples d'hirondelles de cheminée dites rustiques ont été vus sur nos côtes, allant à toute vitesse vers le nord. Plusieurs couples encore sont passés dans les mêmes parages, le 18, par un vent de Nort-Est et le 25 mars, par un vent de Sud-Est. Le retour des hirondelles de cheminée était à peu près achevé avant la fin d'Avril, alors qu'arrivaient en grand nombre les hirondelles de fenêtre ou chélidons à croupion blanc. En même temps, les premiers martinets faisaient à Bayonne leur apparition.

Il n'est pas de chasseur un peu expérimenté qui ne sache que les passages d'oiseaux dépendent généralement de la direction et de la force des vents, ainsi que des variations de la température. Il y a une trentaine d'années, s'il nous en souvient bien, les premières hirondelles de cheminée arrivèrent dans la région du Sud-Ouest, à la fin Mars, comme d'habitude. Le passage fut interrompu pendant près de vingt jours ; mais vers la fin d'Avril, grand passage non seulement d'hirondelles d'espèces diverses, mais aussi de fauvettes, de bergeronnettes, d'alouettes, de grives et d'autres oiseaux se dirigeant vers le nord. Ce retard si anormal ne peut s'expliquer que par des circonstances particulières, notamment par des intempéries persistantes dans le sud.

Mais si ces intempéries retardent parfois, au printemps, le retour des hirondelles et des petits migrateurs, elles hâtent souvent leur départ, à l'automne. C'est ainsi qu'au mois d'Août 1924, on a pu constater des passages prématurés d'hirondelles de fenêtre, d'hirondelles de rivage et d'oiseaux divers. Il paraît qu'à cette époque, dans les départements du nord, en Picardie surtout, le froid était tellement vif qu'on allumait du feu dans les appartements. En même temps, de nombreux oiseaux de mer s'abattaient sur nos côtes. Le 24 Août, on capturait dans les environs de Biarritz des pétrels, que l'on ne voit guère dans nos parages, surtout pendant l'été. Plusieurs chasseurs prenaient ces oiseaux de tempête aux pieds palmés, *stormbirds*, pour des merles d'eau ou cincles, autrefois nombreux, mais devenus rares, aujourd'hui, sur les bords des rivières du Pays Basque (1).

Le même jour, un chasseur de Biarritz capturait sur la côte une sorte de goëland portant à la patte une bague en métal où était gravée cette inscription : M. Pedersen, F. R. Sund, Danemark, 51.039. Nous avons signalé le fait à M. Pedersen qui s'est empressé de nous renseigner : l'oiseau en question est un *Larus fuscus*, espèce de Laridée « qui fut marqué tout jeune, le 26 juin 1924, à Vaago Fevern » Le Museum Darracq, à Bayonne, possède quelques exemplaires de cet oiseau de mer.

Un retour trop hâtif n'est pas sans danger pour les hirondelles de cheminée dont la migration au printemps précède de quelques jours celle des hirondelles de fenêtre. A diverses époques, au mois de Mars et même dans la 1re quinzaine du mois d'Avril, elles ont été arrêtées brusquement dans leur passage par des troubles atmosphériques. Fatiguées et amaigries elles voletaient sans force le long des murs, cherchant vainement des insectes dans l'air glacial. Plusieurs d'entre elles tombaient bientôt mourantes sur le sol. Depuis le 18e siècle, on a quelquefois signalé le malheureux sort d'hirondelles de retour qui fouettées par la grêle, transies de froid, se seraient noyées en masse dans le lac de Genève. Il y a là probablement un peu d'exagération, les hirondelles, au printemps, voyageant habituellement par couples séparés et non par vols nombreux.

Bien rares sont les hirondelles arrivées dans notre pays pendant la première décade de Mars. En 1878, le 5 Mars, à Anglet, nous avons vu trois ou quatre hirondelles de cheminée évoluer pendant près d'une demi-heure autour du lac de la Barre, puis se diriger à toute vitesse vers le nord. Nous pourrions rappeler encore quelques passages hâtifs d'hirondelles de cheminée dont le vol rapide dans la direction du nord marquait visiblement qu'elles étaient en pleine migration de retour.

Mais ce n'est pas seulement sur nos côtes du Sud-Ouest que l'on peut remarquer des retours prématurés d'hirondelles. En 1858, Doudan, ce lettré si fin, si délicat, à l'occasion curieux observateur des migrations des oiseaux sur les bords de la Seine ou du lac de Genève, à Coppet, n'annonçait-il pas dans une lettre, en date du 6 Mars, adressée à Paul de Broglie, l'arrivée à Paris de quelques

---

(1) Le cincle a fait l'objet d'une notice intéressante écrite par Marion et publiée par le *Progrès du Sud-Ouest* à la date du 18 juin 1873.

hirondelles ? « Rien de nouveau ici, dit-il, une seul chose digne de remarque, savoir quatre ou cinq hirondelles arrivées du Sud. »

Le retour de ces oiseaux a de tout temps excité l'imagination populaire et inspiré aux poètes de jolis vers. Les enfants d'Argos n'entonnent-ils pas encore l'antique refrain ? « Elle est venue, elle est venue l'hirondelle qui ramène la belle saison, ouvrez la porte à l'hirondelle. »

Le malheur est qu'une hirondelle ne fait pas le printemps, comme dit Cervantes, avec une pointe d'ironie. Mais comment ne pas croire ce que l'on désire ? De là sans doute, après un rude hiver, cette facilité à voir, même au mois de Février, des hirondelles partout. C'est ainsi qu'en 1905, dans la première quinzaine de Février une feuille anglaise avait annoncé l'apparition de nombreuses hirondelles sur le littoral sud de la Grande Bretagne. Ce singulier phénomène fit l'objet de divers commentaires. La vérité est que dans l'attente du printemps, des nouvellistes d'outre-Manche avaient eu une illusion d'optique et qu'ils avaient pris, nous ne savons plus quels oiseaux, pour des hirondelles de retour. De même, en 1915, les Echos du *Journal des Débats*, annonçaient qu'on avait vu, à la date du 4 mars, un vol d'hirondelles. « deux cents environ de ces oiseaux ou de leurs congénères les martinets, aux environs de la gare Montparnasse. » Mais ce grand vol d'hirondelles n'était et ne pouvait être en réalité qu'un vol d'étourneaux. Aussi bien, en 1915, dès les premiers jours de mars, les étourneaux avaient fait en grand nombre leur migration de retour. Dans les environs de diverses villes. ils passaient en rangs serrés ; parfois même ils se posaient sur les arbres des promenades publiques.

Nous avons tout lieu de croire que les hirondelles qu'on a pu voir en hiver, pendant les mois de janvier et de février, n'étaient pas des hirondelles de retour, mais bien des survivantes de nichées tardives restées au pays natal, soit qu'elles fussent trop faibles pour suivre leurs congénères au départ, soit que l'instinct de la migration leur ait manqué. Certes, de tous les oiseaux, il n'en est pas de plus soumis que l'hirondelle à cet instinct puissant qui, chaque année, aux mêmes époques, la ramène dans les régions les plus favorables à la conservation et à la reproduction de son espèce. Nul autre oiseau aussi ne s'adapte plus difficilement. même dans le midi de la France, aux conditions d'un séjour hivernal. L'hirondelle ne se nourrit en effet. que d'insectes ailés qu'elle happe au vol. le bec ouvert, sans arrêt. Il faut donc qu'elle trouve pendant la mauvaise saison une température favorable à l'éclosion de ces insectes. Il n'est pas toutefois sans exemple que des hirondelles de cheminée aient subi plus ou moins heureusement la dure épreuve de l'hivernage. Vers l'année 1876, trois ou quatre hirondelles de cheminée avaient établi à Bayonne leurs quartiers d'hiver. Souvent, même par des temps froids, on les voyait voltiger autour des flèches de la cathédrale. Mais elles ne purent prolonger leur existence au delà du mois de Janvier : un matin, l'une d'elles, les ailes pendantes, tomba inanimée près du monument de Juillet, devant le magasin d'un libraire, M. Mocochain ; celui-ci, plein de compassion, la prit dans ses mains et essaya vainement de la ranimer.

A une époque plus récente, un couple d'hirondelles de cheminée a passé presque tout l'hiver dans le quartier Blancpignon, à Anglet. Elles avaient leur nid dans une remise dépendant de la maison Pedros. Jusqu'à la fin du mois de Février, on les vit, presque tous les jours, tantôt planant au-dessus du bassin de radoub, tantôt rasant les bords de l'Adour ; mais au moment où l'on pouvait espérer qu'elles échapperaient aux dernières intempéries de l'hiver, survinrent des vents froids de nord-ouest suivis de pluies mêlées de neige. Ces pauvres oiseaux privés de toute nourriture ne tardèrent pas à succomber ; l'un d'eux fut trouvé mort dans le fossé de la route.

Il semble que « l'oiseau de retour — de Michelet — le plus mobile des oiseaux », l'hirondelle, soit retenu aux bords pittoresques de la Nive et de l'Adour par un charme particulier. C'est là qu'au départ d'automne, on trouve le plus grand nombre d'hirondelles attardées. Quelques couples, même à l'approche de l'hiver, ne peuvent se décider à quitter les environs du nid natal. En 1913, au mois de Février, M. de Marien, Président de la Société des Sciences, Lettres et Arts de Bayonne, se trouvant à la pêche à Itxassou, remarqua, non sans surprise, plusieurs hirondelles voltigeant aux environs de la gare, dans ce bassin qu'un cercle de montagnes abrite des vents froids — *apricos montium recessus seculæ*. Plusieurs années de suite, pendant l'hiver, à Itxassou et à Louhossoa, on les a vues fréquemment s'ébattre au-dessus de la rivière, dans cette vallée d'Harnaval attiédie par les vents de Sud. Il résulterait d'observations diverses que ce sont là, pour la plupart, des cotyles de rocher, petites hirondelles grises qui se prêtent à l'hibernation plus facilement que les autres variétés d'hirondinidées. Jusqu'à ces dernières années, elles formaient à Harnaval comme une petite colonie.

A diverses époques, des hirondelles de cheminée ont subi jusqu'au bout sans faiblir l'épreuve de l'hiver dans l'arrondissement de Bayonne. Nous tenons en effet de témoins les plus dignes de foi, notamment de M. Théodore Plantié, le maire si regretté des Bayonnais, qu'à une époque déjà fort éloignée, deux hirondelles de cheminée ont passé un hiver dans une étable ou un hangar de Louhossoa. Pendant les mauvais temps elles voletaient sous leur abri, mais aux jours ensoleillés elles prenaient leur essor en pleine campagne.

Un autre couple d'hirondelles a hiverné en 1896, à Louhossoa. Réfugiées dans un ancien four à chaux elles avaient conservé leur vitalité. Le fait n'est pas ignoré dans la commune, et dernièrement il a été confirmé par un habitant de Louhossoa très estimé dans la région : Edeze Berrho. Toutefois, les renseignements recueillis ne permettent pas d'assurer que ces hirondelles étaient des hirondelles de cheminée et non des chelydons de rocher acclimatés dans la vallée d'Harnaval.

Enfin plus récemment encore, deux hirondelles de cheminée ont passé les hivers de 1911 et de 1912 dans l'étable de la maison Pantaléon à Anglet, quartier Montbrun. Souvent, même par de basses températures, elles gazouillaient en tournoyant dans l'étable où était leur nid. Ce curieux exemple d'acclimatation a été attesté par plusieurs personnes, notamment par Martin Pantaléon, jeune gemmier tombé, le 24 Mai 1916, au champ d'honneur, à Verdun et par ses parents, dont la sincérité ne peut être mise en doute. Après l'hiver de 1912, le nid fut détruit par suite de la construction d'un grenier au-dessus de l'étable. L'année suivante, un couple d'hirondelles de cheminée, celui-là même sans doute qui avait précédemment hiberné, fit son nid sous la toiture de la maison. On ne revit plus d'hirondelles dans l'étable.

La question du sommeil hibernal a été fort discutée et il nous paraît inutile de rappeler les fables des naturalistes anciens et les controverses des savants modernes. Certes on a pu voir, l'hiver comme l'été, des oiseaux inertes et comme morts dans leur cage reprendre tout à coup le mouvement et la vie. Voici un exemple singulier de syncope prolongée : il y a une quinzaine d'années au mois d'Août, le curé de Veyrines de Ver en Dordogne, allant voir son frère, professeur au Lycée de Bayonne, mit dans sa valise une perdrix tuée, disait-on, la veille au soir et soigneusement enveloppée dans un linge. Elle ne portait aucune trace de blessure. Vingt-quatre heures environ après son départ de Veyrines, M. Saignac arrive à Bayonne chez son frère. La perdrix retirée de la valise est déposée sur une table ; bientôt elle donne des signes de vie, elle ouvre les yeux et s'efforce de se dresser sur ses pattes ; plusieurs personnes accourent et assistent à cette résurrection. Mis en cage l'oiseau ne tarda pas à s'apprivoiser et pendant plusieurs années il a amusé de ses ébats une aimable famille. Il nous souvient aussi d'avoir trouvé, un matin d'Octobre, sur une touffe de bruyères, une draine qui paraissait morte. Aucune trace de blessures, aucun signe de vie. Déposé sur le sable, dans une cabane, l'oiseau se ranima au bout d'un quart d'heure et s'envola brusquement. Ces cas de syncope ou de léthargie, s'ils étaient survenus l'hiver, par une basse température, auraient pu être considérés comme des exemples de torpeur hibernale.

Plusieurs naturalistes modernes ont cru trop facilement au sommeil hibernal, du moins à la fréquence de ce phénomène qui n'aurait d'ailleurs été constaté que cinq ou six fois, à des époques fort éloignées et dans des circonstances bien faites pour inspirer quelques doutes. Non pas que nous inclinions à en nier la possibilité. Il y a des faits qui emportent d'assaut la conviction, surtout quand ils sont attestés par des hommes de science dignes de foi. Mais de tous les exemples cités le plus probant est celui qui a été signalé, en 1841, dans une lettre adressée par Ducrochet à son confrère de l'Académie des sciences, Isidore Geffroy. D'après le témoignage du savant physiologiste et physicien, deux hirondelles en état de torpeur furent trouvées dans l'enfoncement d'une muraille, à l'intérieur d'un bâtiment. Réchauffées entre les mains de ceux qui les avaient prises, elles s'envolèrent. Mais dans quelles circonstances précises cette torpeur s'est-elle produite, quelle a été sa durée, à quelle espèce appartenaient ces hirondelles? Ce sont là autant de questions qui, croyons-nous, sont restées obscures. Ce qui est certain, c'est que les hirondelles dont on a pu constater l'hibernation dans l'arrondissement de Bayonne ont toutes conservé leur activité vitale.

Il est toujours difficile de se dégager d'idées préconçues qui égarent dans leurs recherches les meilleurs esprits. C'est ainsi qu'un aimable naturaliste d'une grande culture, Gilbert White, très apprécié, encore aujourd'hui, en Angleterre, est allé, au milieu de nombreuses contradictions, jusqu'à considérer l'hibernation des hirondelles comme un fait presque normal. Dans une série de lettres écrites sous l'impression du moment et de souvenirs soigneusement recueillis, il a fait « l'histoire naturelle » des animaux, notamment des oiseaux migrateurs ou sédentaires qu'il voyait dans la paroisse de Selborne où, vers la fin du 18e et au commencement du 19e siècle, il exerçait les fonctions de pasteur. Les hirondelles ont fait particulièrement l'objet de ses observations. Bien qu'il n'ait jamais vu un seul couple de ces oiseaux en état de torpeur hibernale, il ne laisse pas de supposer trop souvent qu'un grand nombre d'entre eux ne nous quittent pas en Septembre, mais qu'ils restent, l'hiver, plongés dans un sommeil léthargique comme les chauve-souris et divers insectes. Voit-il ou apprend-il par hasard que dans les premiers jours de Mai, une trentaine d'hirondelles sont posées et restent immobiles sur une branche effleurant la surface de l'eau, il ne peut s'empêcher de croire que ce sont là des cotyles de rivage qui ont passé la mauvaise saison dans des trous creusés dans le sable, au bord des rivières. Il est vrai qu'au mois de mars 1761 Achard de Prevy Garden allant à Rotterdam aurait vu, sur les rives escarpées du Rhin, des enfants retirer d'excavations sablonneuses, au moyen de baguettes munies de tire-bourres, des hirondelles complètement engourdies. Gilbert White aurait-il eu connaissance de ce cas particulier d'hibernation ?

Quoi qu'il en soit, dans une de ses lettres il dit qu'il ne croit pas qu'un hivernage de cette nature ait jamais été sérieusement constaté en Angleterre ; il rappelle même qu'à deux reprises, en Mars 1788 et les 2 et 9 Avril 1793, des fouilles furent faites par un gentleman à Waverley, dans un district où abondaient les trous creusés par les hirondelles de rivage, et que l'on ne trouva au fond des couloirs sablonneux que d'anciens nids inoccupés. Ce qui est hors de doute, c'est que, sauf quelques cas d'acclimatation dans certains pays, les cotyles de rivage font régulièrement leur migration en automne, un peu plus tôt même que les hirondelles de cheminée. Plusieurs fois, à Anglet, nous avons vu ces petites hirondelles à dos roussâtre, à ventre blanc, aller en droite ligne vers le nord, pendant le mois de mars, et vers le sud, au commencement de septembre. La rapidité et la direction constante de leur vol démontraient, sans doute possible, qu'elles obéissaient à l'instinct migrateur.

Les hirondelles de fenêtre, dans notre pays, partent aussi des premières, quelques unes vers la fin d'août, le plus grand nombre dans la première décade de Septembre. Souvent, dans le cours de leur migration, elles s'arrêtent le soir et se posent en masse sur les arbres pour y passer la nuit. En 1906, le 6 septembre, vers six heures 3/4 du soir, à Blancpignon, par un vent faible d'Est-Sud-Est, une véritable nuée de ces hirondelles s'abattit sur deux chênes touffus. Le lendemain à l'aube, après quelques cris d'appel, elles se levèrent à grand bruit et disparurent dans le ciel. Ces vols de chélidons de fenêtre, à l'automne, n'ont rien de surprenant : ces oiseaux vivent pour ainsi dire en société : ils forment de petites colonies et se prêtent même, à l'occasion, une aide mutuelle pour construire ou réparer leurs nids très rapprochés les uns des autres. Ils partent tous ensemble, mais ils reviennent généralement par couples se suivant à de courtes distances. Nous ne connaissons aucun cas d'hivernage d'hirondelles de fenêtre dans notre région.

Quant aux hirondelles de cheminée, dites rustiques, elles ne partent guère avant le mois de Septembre. Les grands passages ont lieu, d'ordinaire, du 10 au 15 de ce mois. La migration est achevée dans les premiers jours d'Octobre. Parfois, en Septembre, les jours de grand passage, au coucher du soleil, elles s'assemblent en grand nombre dans les environs de Bayonne, sur les bords de l'Adour, et c'est vraiment un curieux spectacle que de les voir, raser le sol, s'élever, se croiser, tourner en tous sens d'un vol rapide, puis à la tombée de la nuit, se réfugier dans les fraximènes qui couvrent le petit étang de Montbrun et les ruisseaux des Pontots. Les roseaux de marécage sont en effet l'abri qu'elles préfèrent à tout autre pendant la migration d'automne. De là vient probablement cette croyance, très répandue au moyen âge, que les hirondelles, à l'approche de l'hiver, vont s'ensevelir, comme les batraciens, au fond des marais pour renaître à la vie aux premières chaleurs du printemps.

Les passages des hirondelles de cheminée n'ont pas toujours en automne la régularité que leur prêtent les naturalistes ; ils réservent aux observateurs bien des surprises et ouvrent le champ aux conjectures. Voici un fait assez récent qui a frappé notre attention et celle de nombreux chasseurs d'Anglet. Le 14 Octobre 1922, alors que la migration d'automne était terminée et qu'on n'avait pas vu d'hirondelles de cheminée les jours précédents, un passage vraiment extraordinaire de ces oiseaux, se dirigeant tous vers le nord, a eu lieu sur notre côte, de 8 h. à 11 heures du matin par un vent de sud-sud-est et une température de 20 à 25 degrés environ. Comment expliquer cette sorte de migration à rebours, à pareille époque ? Il est à croire que ces hirondelles, au cours de leur voyage, s'étaient arrêtées dans quelque région de l'Espagne d'où elles avaient été refoulées vers le nord par une tempête. C'est, ce nous semble, la seule hypothèse admissible : on ne peut en effet raisonnablement supposer qu'elles soient allées prendre leurs quartiers d'hiver dans les pays de frimats ou qu'après leur migration elles aient eu la fantaisie de faire, même par un vent défavorable, un voyage de reconnaissance vers le point de départ. Ce qui justifie d'ailleurs l'hypothèse d'un ouragan, c'est que dans les derniers jours d'octobre on put constater, à diverses reprises, le passage de plusieurs hirondelles de cheminée allant au sud par un temps pluvieux. C'étaient là sans doute les mêmes hirondelles qui, le 14 octobre, avaient paru émigrer vers le nord.

Même dans la première quinzaine de Novembre apparaissent, très rarement, il est vrai, des hirondelles de cheminée. Leur vol rapide, sans détour ni arrêt, indique bien que ce sont là des hirondelles de passage qui semblent avoir hâte de regagner le temps perdu. Cependant, le 13 novembre 1910, vers onze heures et demie du matin, par un vent de sud, nous avons remarqué, non sans étonnement, sept ou huit hirondelles de cheminée volant avec une certaine len-

teur au ras du sol de la Place d'Armes et du Jardin Public à Bayonne. On aurait pu, tout d'abord, supposer qu'elles venaient faire élection de domicile dans notre ville pour l'hiver. Mais bientôt, vers midi, sans doute à l'appel de l'une d'elles, elles se réunirent en s'élevant au-dessus du jardin ; puis, le bec au vent, elles prirent vite la direction du sud. Nous ne les revîmes plus : c'étaient bien des hirondelles émigrantes.

Quant aux passages des martinets, ils sont difficiles à observer. Ces oiseaux partent avant toutes les hirondelles, dans la dernière décade de juillet, notamment du 20 au 25 de ce mois. On ne voit plus guère en Août et en Septembre que des couples isolés. Ils font leur retour de la fin d'avril au commencement de Mai. On ne les aperçoit guère pendant leur migration, soit qu'ils passent le jour hors de la portée de la vue, soit qu'ils voyagent la nuit. Ils se plaisent d'ailleurs, même à l'époque de la ponte, à s'élever très haut, la nuit, dans le ciel étoilé d'où leur cri, de plus en plus affaibli, parvient à peine à nos oreilles. Une seule fois, vers sept heures du matin, dans les premiers jours de Mai, nous avons pu constater, à Anglet, pendant quelques instants, un retour de ces oiseaux. Ils volaient rapidement vers le nord, à une assez grande distance les uns des autres et à une telle hauteur qu'on avait peine à les distinguer.

Une question qui est encore discutée, est celle de savoir quels sont les vents les plus favorables à la migration. Nul doute que l'hirondelle, au printemps, ne préfère voyager par de faibles vents du Nord-Est ou d'Est et d'Est - Sud-Est et à l'automne par les vents de Sud et de Sud-Est. Cependant, dans cette dernière saison, celle du départ, les passages par les vents d'Est sont plus nombreux : la raison en est, comme le fait justement observer l'ancien vétéran des chasseurs Bayonnais, Marion, à propos des passages de caille, que les vents de Sud et de Sud-Est sont moins fréquents que les vents d'Est.

Il nous souvient d'une controverse qui s'éleva en 1909, entre le docteur Quinet, auteur d'études intéressantes, publiées en Belgique sur la migration, et un Bayonnais, André Béchu, chasseur très expérimenté qui a longtemps observé, aussi bien dans la province d'Anvers que dans l'arrondissement de Bayonne, surtout à Anglet, le passage des oiseaux migrateurs. Le docteur Quinet attribuait « la pauvreté des passages des *oiseaux* (1) *de tenderie*, en 1908 — à la

---

(1) On désigne ainsi en Belgique les petits oiseaux — y compris la grive que l'on prend au lacet et au filet. — Cette chasse destructrice est signalée dans un article publié par le *Courrier de Bayonne* à la date du 7 octobre 1924.

persistance des vents du secteur nord, les oiseaux ne voyageant pas vent dans le dos, mais bec au vent. Jamais, dit-il, *le Rien sans le vent de Sud*, ne fut plus vrai que cette année. Jamais la loi du vol dans le vent ne reçut pareille consécration. »

Notre compatriote, dans un article de Janvier 1909, publié à Anvers dans le *Journal des Chasseurs*, a combattu avec humour ce qu'il appelle la théorie du bec au vent, et tout en reconnaissant que les petits migrateurs ont, à l'automne, une préférence marquée pour le vent de sud, il fait assez justement observer, que l'heure venue, ils n'attendent guère, pour entreprendre leur voyage, le souffle préféré. Pressés par l'instinct ils partent au besoin par tous les vents. Quant à la pauvreté des passages, à l'automne de 1908, il l'explique par ce fait que les oiseaux volent toujours très bas par les vents de Sud, mais souvent très haut par d'autres vents, si bien que dans ce cas ils se trouvent hors de portée des *tendeurs*, qui ne peuvent même se rendre compte de « la masse migratrice ».

A notre avis, le docteur Quinet est vraiment trop exclusif dans ses idées sur la loi du vol dans le vent. Cette loi, si tant est qu'on puisse justement employer cette expression, n'a rien d'absolu ; elle est trop souvent enfreinte par les oiseaux pour qu'on puisse la considérer comme la régulatrice souveraine de la migration. L'abaissement de la température, des influences atmosphériques encore ignorées, le manque de nourriture dans certaines régions, déterminent non seulement des déplacements, mais même de grands passages d'oiseaux divers, dont l'instinct avisé ou impatient ne s'arrête pas toujours aux difficultés d'un vol plus ou moins contrarié par les vents de nord et même d'ouest. Souvent, au lever du soleil pendant le mois de septembre, par un faible vent d'ouest ou par un vent assez vif du secteur nord, à Anglet passent à une grande hauteur des hirondelles et d'autres oiseaux, farlouses, ortolans, bergeronnettes du printemps, tourterelles qui, à peine visibles dans la légère buée matinale, se dirigent à toute volée vers l'Espagne. Cette année même, en octobre et dans la première quinzaine de Novembre, on a constaté de grands passages d'alouettes et de petits migrateurs par des vents d'ouest et de Sud-Ouest.

Comment expliquer cependant la préférence de l'hirondelle et de grand nombre d'oiseaux pour le vent de Sud, en automne ? Probablement ce vent dans lequel ils voyagent ne soulève ni ne rebrousse leurs plumes délicates, mais les lisse en quelque sorte et facilite ainsi leur vol. Peut-être aussi faut-il dans cette préférence faire la part de l'instinct plus vivement excité par un souffle chaud venu des régions lointaines où ces oiseaux doivent émigrer.

Que faut-il penser maintenant de l'influence de la lune sur la migration. Nous avons pu constater que les oiseaux, les hirondelles surtout, ne sont pas très sensibles à cette influence. Marion dans son excellent ouvrage sur « *la Chasse aux environs de Bayonne,* » publié en 1863, a fait une statistique de laquelle il résulterait que les passages de cailles — qui coïncident d'ordinaire avec ceux des petits migrateurs — ont lieu le plus souvent deux ou trois jours avant la nouvelle lune et aussi un ou deux jours après la pleine lune. Il fait observer toutefois « qu'il n'a pas eu connaissance de passages le propre jour des syzygies, sauf à la Nouvelle lune du 18 septembre 1857 ». Ou nous nous trompons fort ou l'influence de la lune sur la migration n'a rien de fixe ni de certain. Depuis l'année 1872 jusqu'à ce jour, nous avons constaté, en septembre et en octobre, quelques passages, les jours mêmes de la Nouvelle et de la Pleine lune. Certes, nous n'avons garde de contester l'exactitude de la statistique de Marion qui s'est surtout préoccupé des passages de cailles. Mais de nombreuses observations nous inclinent à croire que la lune n'a pas l'action puissante qu'on lui prête généralement. D'ailleurs, Marion lui-même estime qu'il faut s'abstenir à cet égard de toute exagération.

Quelles sont, enfin, au point de vue de la migration les conséquences d'une guerre qui a étendu partout ses ravages ? C'est là une question à laquelle il est bien difficile de répondre. On a pu remarquer des déviations des lignes de passage suivies habituellement par quelques petits migrateurs. Mais comment démêler toutes les causes qui, outre les caprices du vent, modifient la direction du vol des oiseaux ? Il paraît certain que la plupart des hirondelles de retour, dans les régions mêmes dévastées par l'invasion, ne se sont pas éloignées des lieux où elles avaient précédemment abrité leurs couvées. Combien d'entre elles n'ont plus retrouvé leurs nids sous les sculptures brisées de nos églises et sous les auvents de tant de maisons hospitalières dont les ruines accumulées ne sont pas un médiocre témoignage du vandalisme des hommes de la Kultur. Mais au milieu de tant de destructions, plusieurs couples sont allés chercher un refuge jusque dans les tranchées, où nos soldats ont pu les voir construire leurs nids et nourrir leurs petits au bruit de la canonade.

Quoi qu'il en soit des influences diverses qui peuvent hâter ou retarder ou faire dévier les passages, ce n'est pas sans tristesse que l'on constate partout la disparition progressive des hirondelles. A Bayonne les chelidons de fenêtre sont devenus rares et l'on ne voit plus, comme jadis, leurs nids alignés sous les toitures de diverses maisons. Quant aux hirondelles de cheminée, on peut

— 256 —

aujourd'hui les compter. Même dans nos campagnes, au Pays Basque où l'hirondelle est l'objet d'un respect religieux, que de nids abandonnés ! Déjà de son temps, Toussenel poussait un cri d'alarme et constatait avec douleur que « Paris ne possédait plus qu'une demi-douzaine de colonies d'hirondelles, à l'Institut, aux Tuileries, à la place Vendôme, au portail de la Cathédrale ». Il flétrissait avec une éloquence indignée « les assassins d'hirondelles » et faisait appel contre eux à la « vindicte des lois ». Enfin il n'y a pas longtemps, le *Journal des Débats* signalait la disparition alarmante de ces oiseaux si utiles à l'agriculture et il inclinait à croire que tout le mal vient peut-être des courants électriques qui les foudroient sur les fils où ils ont l'habitude de se poser. Il paraît qu'actuellement les Nemrods de la côte méditérannéenne n'usent plus de grands filets pour les capturer à l'époque de la migration, mais parfois ils ont recours à l'électricité pour les détruire en masse.

En novembre 1923, un journal de chasse, le *St Hubert club illustré* publiait un extrait de la zoologie agricole de Guéneau, relatif à un odieux procédé de destruction d'hirondelles employé dans le midi. Ce procédé consiste à faire passer un puissant courant électrique dans des fils de fer sur lesquels les hirondelles fatiguées viennent se reposer pendant la migration. Foudroyées, elles tombent par centaines sur le sol...

La convention internationale, mieux observée d'ailleurs en France que dans les pays étrangers, n'a guère apporté de remède à des pratiques de destruction auxquelles seules une surveillance plus active et une réglementation sévère pourraient mettre un terme. Le malheur est que certains intérêts se prennent trop facilement pour l'intérêt général et qu'ils ont toujours, à force de persévérance, le dernier mot. Notre grand naturaliste Ulysse Darracq, fondateur du beau Muséum de Bayonne, si bien complété et restauré par un homme de science, M. Prestat, avait beaucoup étudié les migrations des oiseaux. Frappé de la rareté de certains passages, il avait prédit la disparition prochaine de quelques espèces. Marion s'était élevé contre les sombres pronostics de Darracq. En 1863, revenant dans son livre sur la question déjà débattue, il prétendait que le gibier loin de diminuer allait même augmentant et il essayait de démontrer par des arguments humoristiques la vérité de son assertion « ressemblant, disait-il, à un paradoxe ». Mais, à l'âge de 94 ans, au cours d'une discussion intéressante qui avait eu lieu dans le magasin de M. Salles, tailleur, quai Pont Mayou « *ce rendez-vous des disciples bayonnais de St-Hubert* », (expression de Marion), le vieux chasseur, bien que l'aveu lui fût pénible, reconnut enfin que

son ancienne opinion sur « l'augmentation du gibier » était vraiment
un paradoxe et que la prédiction de Darracq, fondée sur de justes
observations, était en voie d'accomplissement. Espérons cependant
que les hirondelles et les divers petits migrateurs, rossignols, fauvettes, rouges-gorges et autres oiseaux que l'on considère trop
aujourd'hui comme un gibier, échapperont à la destruction
générale et que tout en rendant de grands services à notre
agriculture, ils nous feront, pendant longtemps encore, goûter le
charme de leur chant.

APPENDICE

A l'origine, l'instinct de la migration n'était-il pas commun à
tous les oiseaux ? Cet instinct qui paraît aujourd'hui très affaibli,
éteint même chez plusieurs d'entre eux, ne se ravive-t-il pas quelquefois, à l'automne ? Les moineaux si rebelles à tout changement
de séjour, ne vont-ils pas souvent chercher au delà des Pyrénées
une température plus douce et une nourriture plus facile ? Vers le
milieu du mois d'octobre, il n'est pas rare, le matin, d'entendre
pépier bruyamment et de voir de grands vols de friquets passer
très haut, du nord au sud, sans s'arrêter dans notre région ?

Les merles mêmes qui aiment la solitude et sont trop souvent
considérés comme sédentaires éprouvent aussi le besoin d'émigrer en compagnie. Certaines années, au mois d'octobre, on est
quelquefois surpris de voir une vingtaine de ces oiseaux se lever en
silence, les uns après les autres, d'un bois de pins pour aller se poser
au loin dans un autre bois d'où ils repartent presque aussitôt, à la
file comme des geais, en suivant toujours, sans se perdre de vue,
la direction du Sud. Ces singuliers voyageurs ne sont pas, comme
on pourrait le croire, des merles à plastron blanc, ces *pies de Mars*
si nombreuses dans les Hautes-Pyrénées : ce sont bien, comme nous
en avons en plusieurs fois la preuve en mains, des merles communs,
qui vont sans doute, par petites étapes, prendre leurs quartiers
d'hiver en Espagne, peut-être même en Afrique.

Il n'est pas jusqu'aux papillons dont on n'ait remarqué, surtout
au mois de septembre, quelque migration. Depuis près de cinquante
ans, on a signalé trois ou quatre fois des passages de papillons
dans le midi de la France et en Espagne. Mais la plus curieuse peut-
être de toutes les migrations de lépidoptères que l'on puisse
rappeler ici est celle de la vanesse du chardon, *vanessa cardui* qui
eut lieu dans les environs de Bayonne, les 2 et 3 septembre

1879 (1). Le passage commença, le premier jour, vers 8 h. 1/2 du matin, par un très beau temps, entre les bords de la mer et les Allées-Marines ; il continua le lendemain, sur une plus vaste étendue, jusqu'à trois heures du soir. Ces jolis papillons, aux ailes puissantes, volaient rapidement vers le sud, séparés les uns des autres par des intervalles de quatre à cinq mètres. Parfois plusieurs se réunissaient, s'élevaient en tournoyant au-dessus des pins pour reprendre vite leur vol vers le Sud. Le même jour passèrent dans la même direction plusieurs groupes de papillons jaunes, probablement des coliades aux ailes à bords noirs, autant du moins qu'il était possible de les distinguer.

Certains névroptères nous ont donné aussi, à Anglet, le spectacle de migrations automnales. Deux fois, à des époques que nous ne pouvons aujourd'hui préciser, mais qui remontent à plus de trente ans, dans les derniers jours d'octobre, vers dix heures du matin, apparurent au-dessus des bois de pins et des dunes sablonneuses de Blancpignon de grandes libellules grises en nombre considérable ; elles formaient des files plus ou moins espacées, et se dirigeaient toutes vers le Sud, d'où soufflait un vent léger et chaud. Vers 11 heures 1/2, cette sorte de procession cessa. Le premier passage fut remarqué, à peu près aux mêmes heures, sur les hauts plateaux de Hardoy et de Montbrun, où les libellules poursuivaient leur voyage vers le sud, sans ces va et vient, ces détours rapides et ces brusques arrêts en plein vol, qui leur sont habituels. N'est-ce pas là une véritable migration, et faut-il croire que c'est par pur hasard, et sans but, que ces insectes carnassiers ont quitté les bords des cours d'eau et des marais accoutumés, où ils trouvaient une proie abondante ? N'ont-ils pas obéi plutôt à l'irrésistible influence d'un instinct de conservation et de reproduction, dont le secret nous échappe ? Ce qui est certain c'est qu'on ne les a pas revus pendant les jours qui ont suivi leur apparition. On peut donc supposer avec quelque raison qu'ayant senti comme la menace de l'hiver, ils sont allés chercher, à l'appel du vent du Sud, un ciel plus clément, pour essaimer dans des conditions plus favorables ou pour prolonger leur existence éphémère.

Mais pourquoi faut-il qu'au milieu de la complexité des questions si obscures, concernant la migration, on ne puisse se fonder que sur des apparences fugitives ? La nature indifférente et mystérieuse refuse trop souvent de s'expliquer et c'est à peine si parfois nous réussissons à soulever un coin du voile sous lequel est cachée la solution de tant de problèmes posés à notre curiosité impuissante.

Décembre 1925.   P. LESPÉS.

---

(1) Ce passage a été signalé dans un article publié dans l'*Avenir de Bayonne*, le 6 Septembre 1879.

LES PARRAINAGES DE M. DE SAINT CYRAN

A NOTRE DAME DE BAYONNE

Jean Duvergier de Hauranne, le fameux abbé de Saint-Cyran, naquit à Bayonne, entre la rue Sabaterie et la rue Vieille-Boucherie, en 1581. Son père s'appelait Jean Duvergier, sa mère Agnès d'Etcheverry.

En 1607, à l'âge de 26 ans, il était curé d'Itxassou. L'année suivante, il devient chanoine de la Cathédrale. Puis, il quitte Bayonne pour Poitiers, Paris, Tours, etc.

En parcourant les 4000 actes de baptêmes qui s'échelonnent à Notre-Dame de Bayonne, du 1er janvier 1606 au 11 octobre 1643, date de la mort de l'abbé de S. Cyran, on constate que celui-ci a rempli, dans l'église de son propre baptême, les fonctions de parrain, à onze reprises : il s'agissait de 6 garçons et de 5 filles, appartenant à onze familles différentes. Les cérémonies eurent lieu trois fois en 1607, puis en 1608, 1612, 1614, 1621, 1624, deux fois en 1636, enfin en 1641.

Voici la teneur de ces actes. Ils sont dépourvus de toute signature, même de celle du prêtre qui a conféré les baptêmes. Malgré leur extrême laconisme, ces documents projettent quelque lumière sur les allées et venues de M. de S. Cyran à Bayonne.

1607. Le mesme jour (26 janvier 1607) a esté baptisé ung fils du Sr Pierre de Lana et de done Marie Duvergier. P(arrain). M. M*tre* *Jehan Duvergier, docteur en théologie et curé Ditsatsou.* M(arraine). M. Done de Lana.

1607. Le 12 dudit mois (mars 1607) a esté baptisé (*sic*) une fille du Sr Martin Darguibel et de done Gracy de Chala. P. M. M*tre* *Jehan Duvergier, recteur Ditsatsou* et M. Janne de Chala.

1607. Le 22 dud. mois (juillet 1607) a esté baptisée une fille de M. M*tre* Charles de Bruix advocat et de damoyselle Catherine Duvergier. P. M. M*tre* *Pierre Duvergier, recteur Ditsatsou.* M. Damoyselle Loranse Duvergier.

Dans cet acte on a mis par erreur *Pierre* au lieu de *Jehan* Duvergier.

1608. Le 19 dud. mois (avril 1608) a esté baptisé ung fils de Sr Estienne de Barcos et de done Marie Duvergier. P.M.M*tre* *Jehan Duvergier, chanoyne en l'esglise cathedrale Nostre Dame de Bayonne.* M. Done Estebenote Dibarsoro.

1612. Le 13° dud. mois (d'août 1612) a esté baptisée une fille de Metre Pierre de Haitse advocat et Jane Duvergier damoyselle. P. M. Metre *Jehan Duvergier, chanoyne de Notre Dame*. M. Estebenote de Haitse damoyselle, et a esté nommée Marie.

1614. Le 6 (juillet 1614) a esté baptisée une fille du S⁺ David de Laelau et de damoyselle Jeanne de Peiral. P. M. Metre *Jehan Duvergier de Haurane, chanoyne de Bayonne*. M. Jeanne de Goubert, damoyselle.

1621. Le 10 (mars 1621) a esté baptisé ung fils de sieur Pierre du Vergier et de Jehane de Cruchette damoyselle. P. M. M⁺ʳᵉ *Jehan du Vergier, chanoine de la présente église*. M. Catherine du Vergier damoyselle, et a été appelé Jehan Baptiste.

Jean Duvergier de Hauranne, Abbé de Saint-Cyran.
(1581-1643)

1624. Le mesme jour (13 janvier 1624) a esté baptisé ung fils du sieur Bertrand du Vergier et de damoyselle Catherine Dibarboure et avons remis l'onction jusques à la venue de *Messire Jehan du Vergier, Abbé de St-Ciran* qui doit être son parrain. Et M. damoyselle Catherine de Lespes.

1624. Le 2 juin (1624) avons appliqué les Saintes Huiles à ung fils de sieur Bertrand du Vergier et de damoysele Catherine Dibarboure, qui avoit esté ondoyé le 13 janvier. Duquel a esté parrain *Messire Jehan du Vergier, Abbé de St-Ciran*. M. Damoyselle Catherine de Lespes.

1636. Le premier jour (de mai 1636) a esté baptisée une fille de Bertran Duha et Jeanne Dusanlt de la parroisse de Saint Pierre d'Iraby. P. M.

Mme *Jean du Verger, prêtre et chanoine de la présente église*. M. Damoyselle Gracy Dolives.

1636. Le 14 (novembre 1636) a esté baptisé ung fils de Gonillard du Moulia et Gratianne de Mimbielle habitans de Bearritz. P. M. M^tre *Jean du Verger, chanoine de la présente église*. M. Damoyselle Estiennette du Verger.

1641. Le 29 (septembre 1641), a esté baptisé un fils de Bernard de Lareju et de Daune de Lousses. P. M. *Jean Duvergier, chanoine de l'église cathédrale*. M. Damoyselle Jeanne de Busquet (1).

A moins d'indication contraire, les enfants, selon le sexe, prennent toujours le prénom du parrain ou de la marraine.

Malheureusement, sur les liens de parenté unissant les parrain et marraine à la famille de l'enfant, ces actes ne donnent aucun renseignement.

Ils ne précisent pas non plus le jour de la naissance des enfants, parce que, dans ces siècles pétris de christianisme, le baptême suivait de très près leur naissance.

De l'examen de ces actes on peut déduire que Jean Duvergier de Hauranne, tour à tour curé d'Ilxasson, chanoine de Notre-Dame de Bayonne et Abbé de Saint-Cyran, était à Bayonne en janvier, mars et juillet 1607, avril 1608, août 1612, juillet 1611, mars 1621, juin 1624, mai et novembre 1636, septembre 1641. Il s'y trouvait personnellement. La rédaction de l'ondoiement de janvier 1624 — rédaction toujours identique en cas d'absence du parrain ou de la marraine — ne permet aucun doute à ce sujet.

Toutefois, pour les baptêmes de 1621, 1636 et 1641, postérieurs à la nomination de **D.** comme Abbé de Saint-Cyran, on pourrait les attribuer à son neveu, s'appelant comme lui Jean D. de Hauranne, et pourvu, grâce à sa démission, de son canonicat à Notre-Dame de Bayonne. Cela serait assez vraisemblable.

Mais il faut observer que, pour distinguer les deux Jean Duvergier, oncle et neveu, on avait surnommé ce dernier « Lange ». Témoin un acte du 26 avril 1653 de l'étude notariale Harran-Ramond, à Bayonne), par lequel « Me Louis de Lalande, chanoine de Saint-Esprit, au nom et comme procureur de Me Jehan Leclerc, seigneur de Boisridau, prêtre, conseiller du Roy en son parlement de Paris, demande le canonicat, vacant par le décès de Me *Jehan Duvergier de Hauranne*, dit LANGE » Or, aucun des textes de baptêmes recensés plus haut ne porte ce qualificatif. Ne peut-on pas en conclure qu'ils concernent tous l'oncle, et point le neveu ?

S. Cyran était peut-être d'ailleurs resté chanoine honoraire de Bayonne.

J.-B. DARANATZ.

---

(1) Cf. *Archives communales de Bayonne*, GG. (1606-1643).

Bayonne, le 4 janvier 1927.

Monsieur le Président de
la Société des Sciences, Lettres et Arts de
BAYONNE

Mon cher Président,

Voulez-vous me permettre de faire appel une fois encore à votre aimable sollicitude pour tout ce qui intéresse les membres de la Société des Sciences, Lettres et Arts, et de vous prier de noter, dans un de vos prochains bulletins, la protestation que je formule contre l'attribution, par un journal français très connu et très apprécié, « *La Nature* », à un industriel allemand, d'une découverte qu'il

Lampe à 2 plaques et 2 grilles

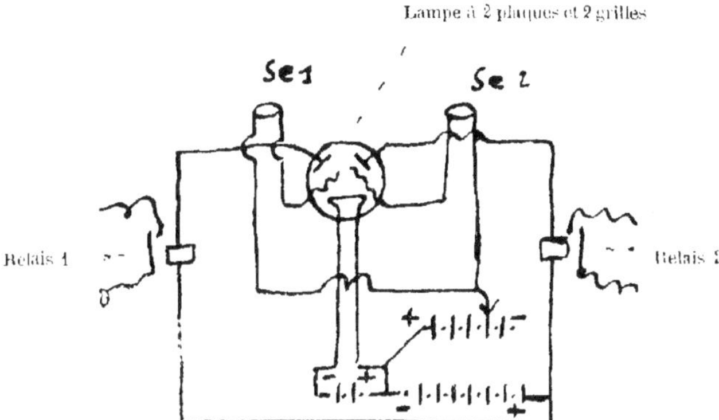

qualifie de très intéressante et que j'ai décrite dans une addition à un brevet, officiellement publiée en 1919.

Sous le nom de « *Pentratron* » « la Nature » du 18 Décembre 1926 décrit une lampe de T. S. F., à double triode, dont la caractéristique est l'existence de deux plaques et de deux grilles dans un tube à vide à filament de chauffage.

L'article fait ressortir, d'après l'inventeur, l'avantage de ce dispositif « nouveau », qui permet, avec une seule de ces lampes, d'obtenir une amplification égale à celle de deux lampes normales, et par suite, de monter un appareil récepteur économique.

Je serais heureux de voir restituer au véritable inventeur *qui est moi-même*, le droit de priorité indûment attribué à l'industriel allemand ; car le dessin de cette lampe, reproduit dans « la Nature » s'inspire fidèlement de celui que j'ai publié dans la 1re addition, n° 21.050, délivrée le 26 novembre 1919, à un brevet d'invention n° 491.533 pris à Paris le 11 décembre 1917, pour « un *compas de marine à correction automatique* ».

La fig. 4 de cette addition comprend en effet le croquis ci-dessus dont la partie représentant la lampe est conforme au dispositif donné par « la Nature ».

Au surplus, le résumé du texte des revendications inscrites dans cette Addition comprend les lignes suivantes, qui ne permettent aucune ambiguïté.

... « *Le dispositif d'une lampe contenant un seul filament, mais « deux plaques et deux grilles connectées respectivement avec deux cel- « lules actino-électriques (selenium ou ampoules) et permettant le « fonctionnement séparé de deux relais.* »

Un appareil de laboratoire, conçu d'après la description du compas de marine à correction automatique exposée dans mon brevet n° 491.533, a été construit par la maison Lepaute aux frais de l'Aéronautique militaire et a donné les meilleurs résultats. Seule la lampe n'a pas été établie, faute de crédits.

Il parait cependant, d'après l'article de « la Nature », qu'elle présentait un intérêt non négligeable.

Mais il appartenait à un allemand de le montrer pratiquement.

Je m'excuse de protester une troisième fois, auprès des lecteurs du Bulletin de la Société, contre l'attribution à des tiers de l'invention de dispositifs nouveaux, que j'ai déjà décrits dans des brevets officiels, et dont les deux autres ont trait à « *un appareil de télévision* » et à « *un appareil de commande à distance et sans fil* » ; mais ils ne seront certainement pas choqués par mon désir de voir rendre à César ce qui est à César...

Avec mes remerciements, je vous prie d'agréer, mon cher Président, l'assurance de mes sentiments les plus dévoués.

DOCTEUR VOULGRE.

PROCÈS-VERBAUX DES SÉANCES

Séance du 5 Juillet 1926

PRÉSIDENCE DU COMMANDANT DE MARIEN

Quarante-trois membres assistent à la séance. Excusés : MM. Nogaret et Lefort. Le procès-verbal de la dernière séance est lu et adopté.

DISTINCTIONS. — M. Le Roy, vice-président de la Chambre de Commerce a été nommé chevalier de la Légion d'honneur ; M. Barnetche, maire de Saint-Jean-de-Luz, chevalier d'Isabelle la Catholique ; M. le Dr René Croste, chevalier de l'ordre royal de Charles III ; M. Pierre Laubie, secrétaire de la rédaction du *Courrier*, chevalier de l'ordre d'Isabelle la Catholique. A tous, la Société adresse ses félicitations.

L'Académie Française vient de décerner un prix de mille francs à M. Colas pour son magnifique ouvrage : « La Tombe basque ». Cette bonne nouvelle vaut à notre éminent collègue les chaudes marques de sympathie de toute l'assemblée.

NÉCROLOGIE. — La Société a fait une perte sensible en la personne de M. J.-P. Darroquy, architecte distingué à Saint-Jean-de-Luz. Travailleur et modeste, il mérita l'estime de tous ceux qui l'ont connu.

CORRESPONDANCE. — Le 60e Congrès des Sociétés savantes se tiendra à Paris en avril 1927.

OBJETS DIVERS. — La Ville de Biarritz se propose de capter pour son alimentation en *eau potable*, quinze millions de litres d'eau de la Nive en aval du Pas-de-Roland, à Itxassou. L'attention des Bayonnais doit être attirée sur ce projet, car il aura pour résultat d'abaisser encore à basse mer, le niveau de la rivière dans la traversée de Bayonne et de découvrir davantage les égouts sur ce trajet.

Un nouveau projet d'extension de la ville de Bayonne a été soumis au Conseil Municipal, ménageant mieux les espaces libres de notre chère cité. Nous osons espérer qu'il n'y sera pas porté atteinte.

Notre collègue, M. Dachary, le distingué ingénieur électricien de la Compagnie des chemins de fer du Midi, nous a fait connaître que le mercredi 30 juin, un train de marchandises de 400 tonnes a marché électriquement de Dax à Hendaye, sans aucune difficulté. Cet heureux essai fait penser que la traction électrique sera prochainement utilisée pour tous les trains.

Hier, dimanche, réunion du Bureau du Syndicat de reboisement du Pays Basque à la Chambre de Commerce de Bayonne, sous la présidence du commandant Rocq ; il a été fait du bon travail.

Les travaux de réfection de la rosace occidentale de notre Cathédrale, entrepris depuis plus d'un an, sont interrompus. Nous faisons des vœux pour leur achèvement ; car voilà 41 ans que les Bayonnais ont été privés de sa vue par un orage de grêle.

Musée Basque. — Le Bureau constitué en Commission d'administration du Musée Basque, a reçu communication du rapport financier présenté par le trésorier et l'a approuvé après examen. Voici le résumé de ce rapport.

EXTRAIT DU RAPPORT DU TRÉSORIER

Année 1925

Recettes globales	109.255.70
Dépenses	90.149.25
Reste en avoir au 31 octobre 1925	19.106.45

PROJET DU BUDGET POUR 1926

Recettes prévu	90.000
Dépenses	78.000
En réserve	12.000

Le Président propose à l'Assemblée de voter une motion de satisfaction à notre excellent et très dévoué trésorier, M. le Commandant Lavigne, à MM. Nogaret et Constantin, qui consacrent leur temps et leurs soins au Musée Basque, enfin de chaleureuses félicitations à M. le Commandant Boissel, le très actif et compétent Directeur de notre Musée régional, pour les magnifiques résultats obtenus, une œuvre déjà très importante et une situation exceptionnelle parmi les musées de province. Adopté à l'unanimité.

Admissions. — M. Pierre Marquet, remisier, 3, rue Marengo, Bayonne, présenté par MM. les Commandants Lavigne et de Marien. — M. l'abbé Durquet, Directeur au Grand Séminaire de Bayonne, présenté par MM. le Dr Jean Ribeton et le Chanoine Saint-Pierre, sont déclarés membres de la Société.

Communications. — *Potasses et Pétroles*, par M. D. Baumann.

Personne n'ignore, à l'heure actuelle, de quelle importance est la question du pétrole pour la France, obligée d'acheter à l'extérieur ce indispensable liquide. On a beaucoup cherché, pendant plusieurs années. On a peu trouvé. Mais les innombrables sondages opérés ne l'ont pas été en vain. En cherchant du pétrole, on peut rencontrer autre chose. C'est ce qui est arrivé dans la région de Castagnède. On cherchait du pétrole. On n'en a pas encore trouvé, bien que certains indices favorables ne fassent pas défaut. Mais, en le cherchant, on a trouvé de la potasse dans des conditions telles que des espoirs raisonnables sont permis.

Après avoir parlé des principaux gisements de potasse jusqu'ici exploités ou trouvés (on sait que l'Allemagne tient la tête avec les importants gisements de Stassfurth), M. Baumann est entré dans des détails sur la formation des bassins salifères, sur l'importance agricole de ce précieux engrais, grâce auquel l'Allemagne a su doubler son rendement en pommes de terre. Après un savant exposé de la question économique (organes de vente, transports), il a abordé avec sa compétence de technicien la question capitale pour notre région : l'avenir du bassin de Castagnède et ses rapports avec le port de Bayonne.

Le gisement de Castagnède autorise les plus belles espérances. Plusieurs sondages ont recoupé une importante formation salifère à une faible profondeur. Sans doute, de fortes émanations gazeuses et des imprégnations d'huile riche en paraffine font espérer le pétrole. Mais on a rencontré — cela est un fait — le sel gemme avec fortes teneurs en potasse (de 11 à 20, p. 100) à des profondeurs variant de 180 à 500 mètres. De nombreux sondages ont été exécutés par plusieurs Sociétés ou Syndicats et fournissent des renseignements sur environ 400 hectares.

Lors même que certains sondages seraient stériles, ils sont cependant d'une grande utilité ; car ils donnent des renseignements géologiques d'une portée énorme et souvent aident à la découverte de gisements dont on ne soupçonnait guère l'existence. Notons cependant qu'en ce qui concerne les gisements de Castagnède quelques esprits scientifiques les avaient pressentis. Le voisinage des eaux de Salies et d'Oraas, très chargées de chlorures alcalins, la présence des gypses à Caresse et à Castagnède, étaient des indices précieux. La présence de bitumes et de lignites n'étaient pas non plus à mépriser.

Il est à souhaiter que ces recherches continuent et que la potasse puisse être exploitée dans notre région. Ainsi que l'établit M. Baumann le transport des potasses d'Alsace coûte cher et le bassin de Castagnède pourrait rapidement suffire à l'alimentation de notre Sud-Ouest. Quand on songe à ce que sont devenus les sables du Brandebourg grâce à la potasse de Stassfurth, on se prend à rêver pareil avenir pour la région landaise et pyrénéenne.

On peut affirmer sans témérité qu'en traçant une ligne Bordeaux-Nice, toute la région au sud de cette ligne serait tributaire du bassin de Castagnède.

Il y a mieux : l'exploitation intensive de ce bassin serait un élément de prospérité pour Bayonne. La potasse non consommée à l'intérieur constituerait un excellent fret de retour. Personne n'ignore que cette matière première est la seule dont le sous-sol des États-Unis soit dépourvu. L'Algérie en manque également.

Trouvera-t-on du pétrole à Castagnède ? Peut-être. Mais il y a de la potasse, et beaucoup. Assurément, il faut savoir attendre. Il s'écoule souvent plusieurs années entre les sondages des ingénieurs et le départ du premier wagon emportant les produits commerciaux.

M. Baumann, sachant mêler l'agréable à l'utile, ne nous a pas entretenus, seulement, de potasses et de pétroles. Il a évoqué le souvenir d'Henri IV, qui venait souvent à Castagnède pour des raisons qui n'avaient rien de scientifique. Le Vert-Galant ne s'intéressait nullement à la géologie que venait à peine de créer Ambroise Paré. On retrouve même à propos de la Pène de Mur (le rocher du Maure), longue arête montagneuse qui domine le Gave, une légende qui n'est pas sans attrait. Le dernier des Abencerrages y serait venu avec sa femme, son chameau et des graines de son jardin. Les orangers plantés par le vaincu des Rois Catholiques existent encore, à ce qu'il paraît. On les aperçoit — avec les yeux de la foi — dans les anfractuosités de la Pène du Mur.

En somme, communication fort intéressante qui prouve que notre Société Bayonnaise — l'une des plus importantes de France à l'heure actuelle — mérite bien son titre de Société d'Études Régionales. Elle étend son champ d'action intellectuelle ; elle s'intéresse à tout ce qui est d'importance non seulement pour la ville et le pays qui l'entoure, mais encore pour toute la région.

Si, dans quelques années — il faut l'espérer — la potasse de Castagnède fertilise nos sols et fournit au port de Bayonne un fret toujours assuré, il ne sera pas déplacé de rappeler que c'est un membre de cette société qui le premier n'a pas craint d'aborder cette question en technicien averti.

Il faut savoir gré à M. Baumann d'avoir traité avec autant d'autorité et de compétence cette grave question des potasses et des pétroles du Sud-Ouest intimement liée à notre prospérité agricole et à notre essor économique.

M. le Commandant de Cazes fait ensuite le récit pittoresque d'un charmant voyage qu'il a fait récemment en Corse. Élégamment présentée, cette narration a donné à de nombreux assistants le secret désir de visiter au plus tôt l'Ile de Beauté, son maquis et ses montagnes.

Sur ce, l'Assemblée s'est ajournée jusqu'en Novembre, pour permettre à son Président et à son Bureau de goûter un repos bien mérité.

La séance est levée à 6 h. 25.

Séance du 15 Novembre 1926

PRÉSIDENCE DU COMMANDANT DE MARIEN

Cent trente-huit membres ou invités assistent à la séance.

Excusés : MM. le Commandant Boissel, Duboscq, Puchutu.

Le procès-verbal de la dernière séance est lu et adopté.

Le Président souhaite la bienvenue à M. Schwartz, consul d'Espagne et aux nouveaux membres admis depuis les vacances.

NÉCROLOGIE. — Le Président prononce l'éloge de ceux que la mort a fauchés récemment : M. le commandant Roch, aux magnifiques états de service ; M. Léon Barthes qui, après une longue existence de travail dans l'inspection de la Compagnie du Midi, mit à la disposition du Syndicat d'Initiative les loisirs de sa retraite ; M. Gaston de Laborde-Nogués, modèle des pères de famille puisqu'il éleva 14 enfants et mit tout son dévouement au service de sa commune d'Ustaritz et M. Alfred Duverdier, ancien notaire, type représentatif de ces dignes officiers ministériels du siècle écoulé, dont la vie de travail et de rigoureuse probité fut un modèle.

A la veille de la séance de rentrée, la Société a eu la douleur d'apprendre la mort de M. Lucien Le Beuf, président d'honneur et avant-dernier survivant des membres fondateurs de 1873. Pharmacien à Bayonne, ancien interne des Hôpitaux de Paris, M. Lucien Le Beuf était, malgré son âge, un fidèle de nos réunions et sa perte sera vivement ressentie. Le Président adresse l'hommage de la Société aux familles des disparus.

DISTINCTIONS. — M. Richard Etchats, maire de Beyrie, qui s'intéresse vivement au reboisement du Pays Basque, a été nommé la publicité du bulletin de la société des sciences, lettres, arts et d'études régionales de bayonne, touche une clientèle riche — présentées parfaitement et limitées à 4 pages, intercalées dans le texte, ses annonces sont lues — chaque volume, compulsé fréquemment et conservé soigneusement, offre une longue portée à sa publicité — du fait qu'il s'agit d'aider une œuvre intellectuelle, qui ne cherche nullement à réaliser de bénéfices ; le prix des annonces est bas — demandez tous renseignements complémentaires à marcel larée 12, rue de larralde à biarritz.

chevalier de la Légion d'honneur. M. Henri Courteault, professeur agrégé d'Histoire au Lycée de Bayonne, vient d'être nommé à Bordeaux. A tous deux, nous adressons nos sincères félicitations.

OUVRAGES REÇUS. — Le premier fascicule du *Dictionnaire Basque-Français* de M. l'abbé Pierre Lhande, excellent ouvrage, qui comble une lacune et favorisera l'étude de la langue basque.

Le Centre-Ouest de la France, Encyclopédie régionale illustrée, publié par la Fédération intellectuelle et économique de Poitiers : excellent ouvrage qui nous montre les travaux analogues à réaliser dans notre région, notamment :

L'histoire de la formation du département des Basses-Pyrénées ;

Recherches dans le riche fonds de la bibliothèque du Port de Rochefort, dont les archives sont uniques au monde en ce qui concerne nos anciennes colonies d'Amérique, dont Rochefort était le seul port d'attache :

Le dépouillement méthodique des *registres du Trésor des Chartes* à Paris, qui a été entrepris pour le Poitou par la Société des archives historiques de Poitiers. Cet exemple est à suivre pour notre ville et le Pays Basque.

Le précieux manuscrit intitulé *Cour de Navarre*, des archives de la Charente, renfermant 80 pièces originales du XVI° siècle, et par suite intéressant une des provinces de notre région.

Imiter l'exemple excellent donné par les archives des Deux-Sèvres qui ont constitué une *bibliographie méthodique* de tous les livres, brochures ou articles de revue concernant le département à un titre quelconque depuis cent ans ; très utile instrument de travail et de recherches.

Nous ajouterons un mémoire concernant Bayonne (Bibl. Nat., papier d'Oïhenart, Ms. Duchesne, n° 108, fol.54 et 55) du début du XVI° siècle, relatif à la défense de la Guyenne et de la ville de Bayonne, aimablement signalé par M.Gouron,archiviste des Landes.

CORRESPONDANCE. — M. le Maire de Bayonne nous a fait connaître que le dossier de reconnaissance d'utilité publique de notre Société est parti pour Paris.

Une exposition rétrospective des colonies françaises de l'Amérique du Nord aura lieu à Paris du 15 mars au 15 juillet 1928, dans l'hôtel Roland Bonaparte, 10 avenue d'Iéna (Histoire, Géographie, influence coloniale).

OBJETS DIVERS. — Le mercredi 7 juillet une mission organisée par la Compagnie du Midi a visité les quatre stations de pisciculture de la Société des pêcheurs de la Nive, sous la direction de M. le professeur Jammes, de l'Université de Toulouse.

Pendant les vacances a eu lieu, à l'Hôtel de Ville de Bayonne,

18

L'exposition départementale du travail fort bien organisée et montrant déjà d'excellents résultats obtenus par notre collègue M. Benjamin Gommès.

Le Congrès de l'Union des sociétés savantes du Sud-Ouest s'est tenu à Dax le 21 juillet. Le Président s'y est rendu. Un vœu a été formulé pour l'achèvement des travaux de réparation de la rosace occidentale de notre Cathédrale. Le Ministre de l'Instruction publique et des Beaux-Arts a fait connaître au Maire de Bayonne que ces travaux allaient être menés à bonne fin.

Une société d'*Études Atlantéennes* a été formée et s'est réunie le 24 juin à la Sorbonne.

Notre collègue, M. Detchepare, attaché à la bibliothèque municipale a été nommé bibliothécaire, par arrêté du Maire du 18 avril dernier. Nous lui adressons nos félicitations.

La souscription à l'ouvrage « Poésies de Justin Larrebat » est ouverte au Musée Basque. Le prix en sera relevé dès la fin de l'impression en cours.

Une salle sera prochainement aménagée au rez-de-chaussée du Musée Basque, rendu disponible par le déplacement de l'entrepôt des douanes, pour les réunions de notre Société et le dépôt de nos archives.

Dans son discours de Strasbourg, M. Poincaré, Président de la République a dit « *qu'en Alsace et en Lorraine l'enseignement est et doit rester bilingue* ». Nous espérons que l'on voudra bien appliquer la même règle à la langue basque.

Le ministère des Beaux-Arts demande que la Société lui continue ses bons offices pour la présentation de l'Inventaire supplémentaire des monuments à ajouter au classement.

L'Illustration a donné dans ses numéros d'Octobre et de Novembre des articles documentés et illustrés sur Bayonne et sur la « Tombe Basque » de M. Louis Colas.

ADMISSIONS. — M. le rabbin Schlomoff, à St-Esprit, présenté par MM. Colas et Abbé Blazy ;

M. Raymond Viallate, maison Barbarénia, Ahaxe, par St-Jean-Pied-de-Port, présenté par : MM. le Dr J. Ribeton et Abbé Lamarque ;

M. Raphael Loviton, conférencier de la Fédération nationale catholique, 28 ter, rue des Capucins, Cambrai, présenté par MM. le Comt Lavigne et Comt de Marien.

M. G. Passenaud, 41, rue Rodier, Paris, 9e, présenté par M. le Comt Lavigne, et M. Daney ;

sont déclarés membres de la Société.

Démissions. — M. le capitaine Verrier, M. Godinet, qui quittent Bayonne.

Nous laissons à un maître de la plume le soin de donner l'analyse de la conférence de M. Alfred Camdessus. Tout ce que nous nous permettrions d'en dire ne pourrait que déflorer l'élégance de la diction et ne saurait mettre en valeur l'érudition du conférencier.

Communication. — *L'influence française et l'influence allemande comparées en Espagne,*

M. Camdessus a tout d'abord mis en relief l'ignorance trop générale des Français en ce qui touche l'Espagne. Il n'a eu aucune peine, d'autre part, à mettre en relief — avec quelques anecdotes savoureuses à l'appui — l'indigence de notre représentation chez nos voisins. « Nous avons un consulat général, dit le P. Esteban Babin, où il est très difficile de trouver un agent parlant convenablement l'espagnol ! » L'orateur, à ce propos, s'étonne à bon droit que la langue castillane ne soit pas plus en faveur dans notre région et à Bayonne en particulier.

A cette indifférence, il oppose les efforts que l'on fait, à Londres et à Berlin, pour la diffusion de cette langue. Frappé par le développement économique de l'Amérique du Sud — facteur de celui de l'Europe et du monde tout entier — le Prince de Galles n'a-t-il pas récemment contribué, avec le Lord-Maire de Londres, à la création d'une chaire d'Espagnol à l'Université d'Oxford ? illustration saisissante du proverbe anglais qui dit que « l'homme d'affaires vaut autant d'hommes qu'il connait d'idiomes. »

Du côté allemand, l'effort est encore plus ample, la volonté d'aboutir plus tenace. A Berlin, vient de se fonder l'*Ateneo Hispano-Americano,* encouragé officiellement. De nombreuses traductions d'œuvres espagnoles, des pièces du meilleur répertoire, sont publiées et jouées.

Cette sollicitude de l'Allemagne pour tout ce qui touche à l'Espagne remonte, d'ailleurs, très haut dans l'histoire. L'orateur brosse, ici, un tableau complet, très instructif de cette action, véritable conquête par l'idée grâce à la langue et à l'école. Il constate, au passage, que l'Espagne n'a pas su voir, dans l'Allemagne, ce qu'elle est avant tout : le berceau de luthérianisme et s'est laissée — en particulier de 1836 à 1868 — séduire par le « rationalisme harmonique » d'outre-Rhin.

Dans sa sphère modeste, M. Camdessus a mené le bon combat contre cette invasion intellectuelle des Germains chez nos voisins. De l'enquête qu'il mena et soumit, il y a sept ans, au gouvernement français d'alors, il extrait un lumineux document : le rapport du Directeur du Collège Français de Barcelone. Celui-ci est des plus édifiants. Il met à nu l'insouciance des organismes officiels français (comme ce bureau de propagande n'accordant que de dérisoires crédits à nos représentants obligés d'avoir recours aux initiatives privées) et soutenant à peine — malgré les efforts d'un Léon Bérard — l'action dévouée de nos propagandistes parmi lesquels l'orateur fait acclamer les noms de M. Génin, Président de la Société Française de Bienfaisance et d'Enseignement à St-Sébastien, et Mme Miguras, Directrice des Écoles Françaises dans cette même ville, tous deux présents à la conférence.

L'activité des Allemands avant et durant la guerre, a été, formidable. Tandis qu'à Barcelone seulement, ils avaient sept journaux à leur dévotion, sans compter leurs grands organes de Madrid et tous les « *Noticieros* » de la péninsule, la France n'avait, dans la capitale de la Catalogne, que trois hebdomadaires, tous morts avant la fin de la guerre. Cours et écoles étaient multipliés par nos ennemis, et le collège allemand de Barcelone comptait déjà, en 1914, 350 élèves et 9 professeurs, disposait d'un budget de cent mille marks-or et d'une subvention du gouvernement. Aujourd'hui, le lycée allemand de Madrid écrème la jeunesse aristocratique de cette capitale, et bénéficie de l'équivalence du baccalauréat, refusée au Lycée français.

Et M. Camdessus ajoute à ce tableau la nombreuse liste des conférences faites à Madrid par des savants dont quelques-uns occupent, dans la capitale espagnole, des chaires ou des présidences.

La dernière partie de sa conférence — et non pas la moins instructive ni la moins documentée — a trait à l'action allemande en Espagne dans le domaine économique. Ici, la parole est aux chiffres. Tandis que, de 1891 à 1911, l'importation française en Espagne tombait de 231 à 164 millions de pesetas, l'importation allemande montait de 28 millions à 128 millions. Cette importation (faite en majorité d'articles de petit commerce) explique la présence en Espagne de 50.000 Allemands, véritables agents de l'influence de leur pays, agents obséquieux et complaisants.

Les conséquences de cette activité n'ont pas manqué de se manifester : en 1908, la France tenait la tête du commerce international de l'Espagne avec 262.700.000 pesetas. En 1913, elle n'avait pas progressé, et l'Allemagne était passée à 185 millions 800.000 pesetas, soit un accroissement de 75 p. 100 en cinq ans.

L'activité allemande, loin de se ralentir depuis, s'est encore tendue et organisée sur un plan beaucoup plus vaste. Témoin la création, à Hambourg, dès 1917, de l'*Institut Ibéro-Américain*, vaste consortium de groupements économiques, et l'*Union Allemagne-Espagne* groupant 8 grandes sections dans les principaux centres. Dans le domaine médical, même souci de la propagande dont témoignent la publication de la *Revista Medical* de Hambourg (1920) et la récente lettre d'un spécialiste madrilène, lue par le conférencier. Il n'est pas jusqu'à l'aviation qui n'ait tenté les propagandistes allemands : à preuve le raid Franco préparé par le *Consortium germano-ibérique*.

Attirant, enfin, l'attention sur le renouveau des campagnes de presse hostiles à la France, M. Camdessus conclut « qu'il faut être atteint de cécité ou de folie pour ne point voir que la cause française est en danger de mort outre-Pyrénées. »

Et sa remarquable conférence finit sur le vibrant appel suivant que saluent de longs et chaleureux applaudissements : « Devant le réveil et l'influence grandissante du germanisme, devant l'impérialisme économique des pays anglo-saxons, il importe que tous les peuples latins, et en particulier l'Espagne et la France, se sentent solidaires, pour remplir leur tâche commune de haute civilisation (1).

L'auditoire a donné les plus chaudes marques d'approbation à M. Camdessus. Le Président, au nom de l'auditoire et du Bureau, lui adresse de chaleureux remerciements.

La séance est levée à 6 h. 45.

Séance du 6 Décembre 1926

PRÉSIDENCE DU COMMANDANT DE MARIEN

Quarante-trois membres assistent à la séance. Excusés : M. le Dr Ribeton, M. le commandant Demiau. Le procès-verbal de la dernière séance est lu et adopté.

CORRESPONDANCE. — M. P. Duchon fait connaître que M. Louis de Meurville, notre collègue, s'occupe activement d'annoter les *mémoires de Jacques Laffitte*, en vue de leur publication. Cette édition sera faite au profit de la petite-fille du financier Bayonnais, à laquelle ce secours est bien nécessaire.

---

(1) Cette conférence a été publiée in extenso dans le *Courrier de Bayonne* numéros du 18 au 24 novembre 1926.

Notre collègue, M. le lieutenant-colonel de Résséguier signale tout l'intérêt d'un manuscrit important de la bibliothèque de feu Paul Labrouche, intitulé *Réformation générale des eaux et forêts de la Basse-Navarre*, par l'Intendant Louis de Froidour ; il mériterait d'être publié.

OUVRAGES REÇUS. — *La Nive* : sous ce titre vient de paraître le premier numéro du Bulletin trimestriel de la Société des Pêcheurs de la Nive, qui s'occupe du repeuplement de nos cours d'eau. Cette Société, que préside avec dévouement et une intelligente activité notre collègue le commandant Rocq, exerce une heureuse action dans notre région et mérite les encouragements de tous ceux qu'intéresse le sport de la pêche aux salmonides.

OBJETS DIVERS. — La souscription à l'ouvrage de Justin Larrebat, *Poésies Gasconnes*, avec la savante introduction de M. Henri Gavel sur le Gascon de Bayonne et l'œuvre de Larrebat est ouverte. Après le tirage, le prix de ce livre sera augmenté.

M. le général Boucabeille a fait aujourd'hui à la Chambre de Commerce, une excellente conférence sur *l'aviation française*. Il a montré la nécessité du développement de notre aviation commerciale et de l'installation d'une aérogare à Bayonne.

Le mardi 14 décembre, il sera fait une conférence au Majestic Cinéma, par le R. P. Bordachar, bétharramite, sur l'œuvre *des Pères Bayonnais en Amérique latine*, sous les auspices de la Société, du Syndicat d'Initiative du Pays Basque et de diverses personnalités Bayonnaises.

Une heureuse nouvelle pour les touristes et archéologues : nos collègues, M. le chanoine Daranatz et M. Saint-Vanne, architecte des monuments historiques, vont nous donner une *notice descriptive, historique et archéologique* de la cathédrale de Bayonne.

M. Léon Bertin a présenté dans le numéro de la Nature du 20 Novembre les dernières découvertes faites au sujet de *l'anguille en eau douce*, sujet important pour notre région et déjà traité par notre collègue M. le Dr Croste dans le Bulletin 1-2 1924, avec sa compétence habituelle.

Le projet de création d'un *champ de tir d'artillerie à longue portée* à Ondres est définitivement abandonné.

Les familles nombreuses vont recevoir de précieux encouragements du fait de nouvelles dispositions législatives et de crédits votés par le conseil général des Basses-Pyrénées. Il importerait de faire parvenir ces mesures à leur connaissance.

Le régulateur électrique Brillié a été remis en place, après réparation, sous les arceaux de l'Hôtel de Ville. Sa surveillance est assurée désormais par l'horloger de la Ville.

Musée Basque. — M. le Commandant Boissel, directeur du Musée Basque, rend compte de la marche du musée pendant les derniers mois. Ce rapport, clair et plein d'intérêt, sera publié dans les journaux de la localité et dans le Bulletin du Musée, avec la liste des dons reçus pendant la même période.

Admissions. — M. le général Prax, Villa Miramont, Biarritz, présenté par MM. le Comᵗ de Marien et J. Labrouche.

M. Joseph Larramendy, entrepreneur, Boulevard des Pyrénées, St-Jean-de-Luz, présenté par MM. Novion et St-Vanne.

M. le docteur Jaureguiberry, rue du Maréchal Harispe, St-Jean-de-Luz, présenté par MM. Mendiboure et Comᵗ de Marien.

M. Porte, ex-sous-préfet de Mauléon, Préfect. à Pau, présenté par MM. le Comᵗ de Marien et Comᵗ Boissel.

M. Thierry Sandre, vice-président Société des gens de Lettres, 145, rue de Rome, Paris 17ᵉ, présenté par MM. le Comᵗ de Marien et Jean de l'Espée.

M. Sam Maxwell, avocat, anc. bâtonnier, rue Lafaurie de Monbadon, 3, Bordeaux, présenté par MM. le Comᵗ de Marien et J. Labrouche.

M. Louis Floutier, artiste-peintre, St-Jean-de-Luz, présenté par MM. les Comᵗˢ de Marien et Boissel.

M. Gabriel Rispal, sculpteur, 17, rue Dépinoy, Malakoff, S. et O. présenté par MM. le Comᵗ de Marien et J. de Saint-Pastou.

M. Robert Cami, graveur, 148, rue de la Marne, Bordeaux, résenté par MM. le Comᵗ de Marien et J. de Saint-Pastou.

M. le capitaine Henri Dop, dépôt de remonte, Bordeaux, présenté par MM. le Comᵗ de Marien et Pierre Dop.

M. Gabriel Pereyre, 38, rue Maubec, Bayonne, présenté par MM. Dours et Constantin.

Mlle Mayi Elissague, rue Garat, St-Jean-de-Luz, présentée par MM. le Comᵗ de Marien et Abbé Blazy.

M. Henri Varin, Villa Antabaïta, Guéthary, présenté par MM. Moulenguet et Comᵗ de Marien.

M. E. Cazenave, agent sup. Cⁱᵉ Ogooué, Villa Jeanne d'Arc, Beyris, présenté par MM. Colas et Comᵗ de Marien.

M. Sirgand, prof. Histoire, Lycée de Bayonne, présenté par MM. Colas et Gavel.

M. Alfredo Baeschlin, architecte, Villa Ariany, rue Pellot, Biarritz, présenté par MM. le Comᵗ Boissel et Constantin.

Mme la comtesse de Grandsaignes, 7 cité Vaneau, Paris 7ᵉ, présentée par MM. Jacques Le Tanneur et Philippe Veyrin.
sont déclarés membres de la Société.

Démission : Mlle Debats, professeur, Bayonne.

COMMUNICATION. — Le commandant Demiau, qui devait faire une conférence, s'étant excusé, le commandant de Marien a donné lecture, en les commentant, de deux pièces du XVIIe siècle qui lui ont été obligeamment communiquées par M. Charles Amestoy, de Cambo.

La première pièce est de 1636. Antoine de Gramont, comte de Guiche a anobli les biens, notamment la maison de Iohannès, de son receveur général Arnaud Gouzian, de Came. Le comte a reçu les promesses exigées en semblable circonstance. L'acte n'est autre chose que l'affranchissement, l'hommage et l'anoblissement, ses conséquences pour l'intéressé et l'énumération des obligations qu'il comporte pour ce dernier. Comme les actes de cette nature, cette pièce est rédigée dans le style archaïque, encore en usage à cette époque, avec ses expressions pittoresques qui rappellent le moyen âge.

Il n'en est pas de même du second acte qui est cependant similaire du premier quand au fond. Il s'agit, cette fois, du duc Antoine Charles de Gramont, petit-fils de feu Antoine de Gramont et d'Antoine de Saint Martin, de la maison Iohannès, fils d'Arnaud de Gouzian, qui succède à son père dans ses prérogatives, de même que dans ses obligations. Les formules employées sont les mêmes que celles précédemment en usage et il n'y aurait eu aucun intérêt à les reproduire s'il n'y avait une sensible différence dans la rédaction de ces deux pièces. La comparaison des deux textes permet en effet de se rendre compte combien la langue française a évolué pendant cette période relativement courte de quarante-sept ans. Mais c'est aussi l'époque où notre langue a atteint son plus haut degré de perfection et on ne saurait être surpris que l'heureuse influence de l'hôtel de Rambouillet, des salons des précieuses et des illustrations littéraires qui caractérisent le grand siècle, se soit fait sentir jusque dans le domaine des hommes de loi.

Parmi les autres documents communiqués par M. Amestoy, il y a une pièce particulièrement intéressante, parce qu'elle concerne une ancienne maison de la rue Orbe à Bayonne. Il en sera question ultérieurement.

La séance est levée à 6 h. 5.

Le Secrétaire,   *Le Secrétaire-adjoint,*   *Le Secrétaire-général,*
LACRAMBE   J. NOGARET   Dr J. RIBETON

Le Président,
Comm^t DE MARIEN

LISTE des MEMBRES de la SOCIÉTÉ
au 31 Décembre 1926

Présidents d'Honneur

MM

S. G. Mgr GIEURE, évêque de Bayonne, Lescar et Oloron
GARAT, Joseph, maire de Bayonne
HÉRELLE, Georges, professeur honoraire de l'Université
JULLIAN, Camille, de l'Académie Française

Membres du Bureau

MM.

Commandant de HOYM DE MARIEN, Président.
Émile PRESTAT, vice-président.
Antonin PERSONNAZ, vice-président.
André GRIMARD, vice-président.
Commandant BOISSEL, vice-président, directeur du Musée Basque.
Docteur Jean BIBETON, secrétaire général.
Joseph NOGARET, secrétaire adjoint.
Commandant LAVIGNE, trésorier.
Capitaine CANGUILHEM, archiviste.
Intendant LACRAMBE, membre.

Trésorier honoraire

Henry SALANE, trésorier de la Société pendant 22 ans.

Membres titulaires

1924   ABBADIE D'ITHORROTS, baron d', château d'Ithorots. Aroue.
1926   ABBADIE D'ARRAST, Robert d', 32, rue Gambetta St-Jean-de-Luz.
1926   ALBIER, Alfred, directeur de la Société Générale, place du Réduit.
1924   ABBEBERRY, Joseph, secrétaire de la mairie, rue du Quai. Ciboure.
1925   ADAMSKI, Louis, architecte, à Hendaye.

1918   BERGÈS, Georges, artiste-peintre, Triana, Anglet.
1918   BERGÈS, Mme, villa Triana, Anglet.
1921   BERROGAIN, Charles, 50 bis, rue Pierre Charon, Paris, 8ᵉ
1919   BESNARD, arch. en chef des Mon. hist., 194, rue de Rivoli.
         Paris, 1ᵉʳ.
1924   BEYRINES LE BANNEUR, Mme, Ossès.
1926   BEYRINES. Jean, industriel, à Ossès.
1918   BJORKEGREN, Axel, 8, rue Vainsot.
1912   BLAZY, abbé, aumônier du Lycée, 15, rue de Luc.
1922   BLAZY, docteur, rue Garat, Saint-Jean-de-Luz.
1920   BOISSEL, comᵗ en retraite, maison Strasser, Mousserolles.
1926   BOMPUY, Joseph, libraire 10, rue Mazagran, Biarritz.
1921   BONNAL, Ermend, dir. Ecole nat. de musique de Bayonne,
         villa Amentcha, Beyris.
1924   BONNECARRÈRE. Salvador, 3, Place de la Liberté. Biarritz.
1917   BOSSIÈRES, négociant, place du Réduit, 2.
1924   BOUCHARD, fondé de pouvoir B. N. C., place de la Liberté.
1924   BOURRICAUD, professeur agrégé, villa St-Joseph, Anglet.
1923   BOUSSION, 17, rue Duler, Biarritz.
1918   BOUTEILLE, négociant, 42, rue Bourg-Neuf.
1927   R. P. BORDACHAR, Dir. Ecole N. D. à Bétharram.
1924   BOUZET, profes. agrégé, villa Michine, Camp St-Léon.
1917   BURDET-MASON, Mme, Chateau Larrondouette.
1922   BURGUBURU, Paul, vérificateur des poids et mesures, 27,
         avenue Gambetta, Dax.

1922   CABIRO, Alcide, nég., villa Salto, Saint-Léon.
1924   CALAME, Jean, villa Nive, Cambo.
1925   CAMDESSUS, Alfred, réd. en chef du Cour. de Bayonne, 9,
         rue Jacques Laffitte.
1917   CAMET, J.-B., entrepreneur, 3, rue Pontrique.
1911   CAMGUILHEM, capitaine, 3, rue de l'Ouest.
1926   CAMI, Robert, graveur, 72, rue de Houdan, Sceaux (Seine),
1918   CAMPAN, Félix, pharmacien, Cinq-Cantons, Bayonne.
1926   CANUYT. Georges, profes. à la Faculté de médecine de
         Strasbourg.
1922   CARDENAL, R. de, prés. du Cons. d'adm. de la Gazette de
         Biarritz, rue Duler, Biarritz.
1924   CARVÉS, capitaine de, Chefferie du Génie, Château-Vieux.
1912   CASEDEVANT, Edouard, 5, rue de la Monnaie.
1922   CASTAGNET, Gabriel. député, 48, quai de l'Entrepôt.
1924   CASTAINGS, Mlle Juliette, 24, place Saint-Esprit.
1925   CASTEL, Albert, Chalet Edouard, Marracq.

1925 CASTEL, Edouard, chalet Edouard, Marracq.
1914 CASTELNAU D'ESSENAULT, Lieut.-Colonel marquis de, Place d'Armes.
1922 CASTILLA, Mme Léon, 30, avenue Victor-Hugo, Biarritz.
1924 CASTILLON, Alphonse, artiste décorateur, 8, rue Thiers.
1925 CAUPENNE D'ASPREMONT, comte de, la Cabanne, Benesse-Maremne.
1927 CAZAMAYOU. Adolphe, Direct^r « Toulouse Construction », villa Russe. Marrac.
1925 CACZIQUE, Mlle, artiste-peintre, 14, rue Duler, Biarritz.
1920 CAZALIS, Eugène, vétérinaire, rue Douer, 5.
1926 CAZALIS, Eugène, dir. maison Haurat, Saint-Etienne.
1919 CAZALIS, Joseph, archit., villa Bearba, Biarritz.
1918 CAZALIS, Vincent, 3, rue Victor-Hugo.
1926 CAZAURAN, chirurgien-dentiste, Saint-Jean-de-Luz.
1924 CAZEAUX, J.-B., assurances, 7, rue de la Cathédrale.
1926 CASENAVE, agent sup^r de la Cie Ogooué, villa Jeanne d'Arc, Beyris.
1918 CAZES, Com^t R. de, les Tourettes, Saint-Etienne.
1917 CELHAY, J.-P., courtier maritime, 10, rue Vainsot.
1892 CENOZ, François, négociant, Allées Paulmy.
1925 CENOZ, Mme Vve Marie, 23, rue Thiers.
1922 CHAPON, villa Irintzina, Anglet.
1918 CHARBONNEAU, abbé, curé de Guiche.
1918 CHARPENTIER, Léon, 17, rue Victor-Hugo.
1879 CHEVILLION, docteur, 1, rue Jacques-Laffitte.
1921 CHOQUET, René, art. peintre, Oberena, Ciboure.
1923 CHRÉTIEN, Gaston, Dir. Librairie arts décoratifs, 68, rue Lafayette, Paris, 9.
1923 CITOLER, Léon, ébéniste, 3, rue de l'Arsenal.
1917 CLARAS, Marquis de las, villa Hestia, Chamb. d'Amour, Anglet.
1921 CLUZEAU, Jean, lithographe, 2, rue de la Salie.
1921 COLAS, Jules, Eaux région parisienne, 50, avenue Maurice Berteaux, Le Vésinet (Seine-et-Oise).
1911 COLAS, Louis, profes., agrégé, Lycée de Bayonne.
1922 COLBERT, docteur, maire de Cambo.
1920 COLBERT, Paul, Cambo.
1902 COMBES, Arnaud, agent d'assurances, 2, rue Vainsot.
1924 COMMAILLE, baron de, château d'Amade, St-Etienne.
1921 CONSTANTIN, André, 7, place de la Cathédrale.
1919 CORAL, Lt Col., baron de, château d'Urtubie, Urrugne.
1922 COUCHOT, Fourniture de modes, rue Poissonnerie.

1922   Corrèges, docteur, 28, rue de la Salie.
1923   Coulomme la Barthe, Alex de, 8, rue de l'Évêché.
1924   Courbix, villa Dorea, Saint-Jean-de-Luz.
1921   Courteault, Henri, prof. agrégé d'histoire, 3 bis, rue de la Chapelle St-Jean, Bordeaux.
1918   Courtignon, Georges, villa Neretzat, Lachepaillet.
1919   Coustier Bertèche, villa Inès, av. de Bayonne, Biarritz.
1925   Couwemberg, art.-peintre, villa Molière, Campos-Berri, Saint-Jean-de-Luz.
1923   Croisœil, Jean de, Urt.
1909   Croste, docteur René, villa Séléné, Lachepaillet.

1924   Dachary, ing. princ. à la Cie du Midi, villa le Bercail, av. du Trinquet Moderne.
1924   Daney, villa Maly-Minerva, Bernain, Anglet.
1923   Dangeretegui de Broussain (Mme Vve), 9, Paseo de Acacias, Madrid.
1926   Danglade, Lucien, sculpteur, bld. de l'Église, St-Esprit.
1924   Daniel, Cambo.
1917   Dantiacq, entrepreneur, Lachepaillet.
1911   Daranatz, chanoine, 42, rue des Basques.
1918   Darbouet, docteur, Le Boucau.
1922   Darmendrau, notaire, Hasparren.
1913   Darricau, André, architecte, 12, rue Argenterie.
1917   Darrieux, Henri, 14, av. du Maréchal Foch, Biarritz.
1911   Darrigrand, Jean, avoué, 1, rue Jacques Laffitte.
1924   Darrigrand, Mlle Amélie, 17, rue Thiers.
1920   Dassance, Louis, Ustaritz.
1922   Decamps, vétér. de 1re clas., villa Marcel, Saint-Léon.
1922   Décha, Louis, profes., de musique au Lycée de Bayonne.
1918   Decrept, peintre-décorateur, Bidart.
1922   Delage, Edmond, ing., civil des Mines, 11, avenue Gourgaud, Paris, 17e.
1922   Delahaye, trésorier de la Marine, Hôtel de Ville, Bayonne.
1923   Delas J.-G., antiquaire, 14, rue Mazagran, Biarritz.
1912   Delay, docteur, Allées Paulmy.
1921   Delbarre, docteur, Cambo.
1912   Delmas, André, avocat, villa Itzala, Allées Paulmy.
1920   Delpech, droguerie médicinale, Saint-Esprit.
1922   Delpy, agrégé de l'Université, 145, boul. Malesherbes, Paris, 17e.
1926   Delzangles, René, avocat, rue de la Monnaie.
1925   Demiau, comt, 14, rue d'Orléans, Pau.

1917   DEMOLON, pharmacien, rue Victor-Hugo, 14.

1925   DENSUSIANU, Ovide, prof., faculté de Lettres, 20, Str. Coltei, Bucarest (Roumanie),

1923   DESLOUS, nég., juge au trib. de commerce, Hardoy.

1911   DESTANDAU, prés., du Tribunal civil, Bayonne.

1921   DETCHEPARE, bibliothécaire, Bibliothèque de Bayonne.

1911   DETROYAT, Emile, Montaury, Anglet.

1913   DIESSE, Alexandre, Château de St-Martin, Larressore.

1925   DIESSE, Joachim, Château de St-Martin, Larressore.

1917   DIEUDONNÉ, docteur, Cambo.

1918   DIOLÉ, Mme Fernand, 4, boul. Richard-Lenoir, Paris 11e.

1892   DOLHATS, négociant, quai de Mousserolles.

1922   DOP, Pierre, rue Courlade, St-Jean-de-Luz.

1920   DOP, cap., H., service des remontes de la 16e région, Montpellier

1920   DOTEZAC, docteur Emile, cons. général, Cambo.

1925   DOUBRÈRE, 45, boul., Alsace-Lorraine, Saint-Esprit.

1893   DOURS, Louis, dir. d'assurances, 2, Place du Château-Vieux.

1924   DOUSDEBÈS, colonel en retraite, 23, rue Victor-Hugo.

1924   DOZE, Pierre, insp. d'as., 2, cours de Tournon, Bordeaux.

1925   DROUIN, Alexis, ing. chimiste, Château Mendivil, Itxassou.

1911   DUBARAT, chanoine, archiprêtre de St-Martin, Pau.

1922   DUBOSQ, Eloi, nég., Le Vigneau, St-Etienne, Bayonne.

1922   DUCHEN, Comt, villa Nyvert, Lachepaillet.

1922   DUCHEN, lieutenant d'artillerie, Tunis, 5e G. A. C. A.

1924   DUFAU, Dominique, maire de St-Pée-sur-Nivelle.

1917   DUFAU DE MALUQUER, A. de, 2, rue Duplaa, Pau.

1924   DUFOURG, Mme, à Noste, Anglet.

1922   DUFOURG, Albert, propriétaire rentier, à Anglet.

1924   DUHART, Jean, rue Gambetta, Saint-Jean-de-Luz.

1911   DUHOURCAU, capitaine, François, 1, rue Thiers.

1924   DULOUT, Hôtel de Paris, boul. des Pyrénées, St-Jean-de-Luz.

1917   DUMONT, Georges, adm. de la Croix-Rouge, Biarritz.

1922   DUPONT, propriétaire, Urcuit.

1920   DUPUY, Léon, notaire, rue Victor-Hugo.

1922   DURAND, docteur, La Terrasse, Cambo.

1925   DURCOS, Mme Germaine, 23, rue Thiers.

1926   DURQUET, abbé, économe au Grand Séminaire.

1917   DUSSARP, Maurice, publiciste, 64, rue du Rocher, Paris 8e.

1911   DUTOURNIER, docteur Adrien, 3, place du Réduit.

1917   DUVERDIER, Albert, courtier martime, 7, rue Thiers.

1925   ECHINARD, R., ing. dir. de la Cie du Bourbonnais, allées Marines.

1921 Elbée, Christian d', château d'Irumberry, St-Jean-le-Vieux.
1920 Elissagaray de Jaurgain (Renaud d'), château de Benac. Benac (Ilses Pyrénées).
1926 Elissague, Mayi, rue Garat, St-Jean-de-Luz.
1912 Élisseiry, Paul, négociant, rue Guilhamin.
1925 Escorbiac, ingénieur, 2, rue Port-Neuf.
1925 Espée, Jean de l', 9, rue Jacques-Laffitte.
1912 Etchats, cons. d'arrondis., Beyrie par Saint-Palais.
1917 Etcheber, chan., aum. militaire, sect. post. 77, Mayence.
1921 Etchecoin, Jean, licencié ès-lettres, Domezaguet, Domezain, Saint-Palais.
1921 Etchegaray, J.-B., au Printemps, Bayonne.
1923 Etchepare, Auguste, nég., rue Pannecau.
1922 Etcheberry, Alexandre, 9, rue Andrée Suzanne, Nogent-sur-Marne.
1918 Etcheverry, Denis, art. peintre, 170, faub. St-Honoré, Paris, 1er.
1922 Etcheverry, lieutenant en retraite, Pouillon (Landes).
1925 Etcheverry, abbé, Michel, profes. au collège d'Ustaritz.

1925 Fagalde, Salvator, propriétaire à Marrac.
1920 Faradesch, nég., rue Thiers, 9.
1918 Faure, Paul, hom. de lettres, 112, rue Brancas, Sèvres, (Seine-et-Oise).
1926 Fernandez, André, villa Vic, Saint-Etienne.
1917 Feuillet, Comt R. Octave, château de la Roque, Ondres.
1920 Flément, abbé, aum. des Petites Sœurs des Pauvres, Biarritz.
1926 Flobert, Eugène, villa Florida, Beyris.
1926 Floutier, Louis, artiste-peintre, St-Jean-de-Luz.
1911 Foltzer, villa Etche Maïtea, Nouveau Bayonne.
1917 Forgeot, Comt Auguste, château Mirambeau, Anglet.
1911 Forgues, dir. des chem. de fer du P. O. M.
1925 Forgues, Marcel, courtier maritime, rue Thiers, 7.
1918 Fossat, Léon, dir. des Douanes, rue Vainsot.
1920 Fourcade, Auguste, Marrac.
1917 Fourcade, Joseph, villa Lauga, Saint-Léon.
1917 Fourgassié, Georges, 1, rue de Metz, Castres.
1926 Fourquet, Denis, villa Atherbea, Hendaye-Plage.
1966 Foy, Mme Edmond, villa Grand'Vigne, Lachepaillet.
1921 Fressange-Lafon, Mme, professeur au Lycée.
1924 Fressange-Lafon, Mlle, professeur au Lycée.
1912 Frois, André, banquier, place de la Liberté.

1922   GALLÉ, colonel de, 26, quai Galuperie.
1917   GARAT, docteur, rue Vainsol.
1902   GARAY, abbé, curé de St-Charles, Biarritz.
1920   GARAY, Mlle Marie, art.-peintre, Ramous par Puyoo.
1923   GARMENDIA, Pedro, négociant, Sare.
1918   GARNIER, Louis, proviseur du Lycée de Bayonne.
1917   GARRELON, M., juge au Trib. civil de Bayonne.
1925   GARRIC, receveur des finances, Beyris.
1926   GARROT-ESPARROS, Pierre, villa Gracieuse, boul. Alsace-
        Lorraine.
1921   GAVEL, Henri, prof. agr., Chalet du Fronton. Place Lamo-
        the, Anglet.
1885   GENTINNE, Jules, boul. 23. arceaux Port-Neuf.
1918   GIEURE, S. G. Mgr., Évêque de Bayonne, Lescar et Oloron.
1924   GIGUET, Jules, Mauléon-Soule.
1920   GIMENEZ, Santiago F., ing., Mais. de la Fontaine, Ci-
        boure.
1926   GIRE, Joseph, archit., château d'Arberats, St-Palais.
1902   GOALARD, comt., pilote-major, de la Barre.
1921   GODBARGE, Henri, arch., boul. Thiers, St-Jean-de-Luz.
1917   GODIN, Mme, à Urcuit.
1922   GOMBAUD, chir. dent., 11, rue Port-Neuf.
1911   GOMBAULT, dir. des Douanes, à Alep, Syrie.
1917   GOMEZ, Benjamin, archit., 24, boul., Alsace-Lorraine.
1886   GOMMÈS, Armand, banquier, place de la Liberté.
1925   GOROSTARZU, Roger de, dir. d'ass. Zénith, 4, place de la
        Liberté. Biarritz.
1924   GOYENÈCHE, abbé Pierre, 1, rue de l'Ouest.
1922   GOYENETCHE, dr., cons. général d'Ustaritz, 33, rue Thiers.
1924   GOYHENEIX, Mlle Germaine, villa Péloste, Le Boucau.
1922   GOYET, cap., Union Economique, Bayonne.
1926   GRANDSAIGNES, comtesse de, 7, cité Vanneau, Paris, 7e.
1918   GRATTAU, distillateur, quai Amiral Bergeret.
1910   GRAZIANI, Paul, archiv. de la Corse, 32, cours Granval,
        Ajaccio.
1911   GRIMARD, André, contr. des Douanes, 34, rue des Basques.
1922   GRISON, cons. des hyp. hon. Mais. d'Auro, St-Laurent-de-
        Gosse, Urt.
1922   GUÉRAÇAGUE, notaire. Saint-Palais.
1924   GUSTE, Mlle Marie, prof. Sciences, 27, quai Galuperie.

1927   HIRIGOYEN Ferdinand, villa Joyeuse, phare, Biarritz.
1924   HAÏTSE, Jean, 41, rue Pannecau.

1923 HARRIET, L.-Col., Saint-Jean-de-Luz.
1924 HARROSTÉGUY, Charles, dir. Banque Pop. St-Jean-de-Luz.
1918 HAURAT, Louis, doct. ès-sciences, ing. rue du Card. Lavigerie
1922 HÉGUY, René, avocat, 1, rue du Port-Neuf.
1918 HENNEBUTTE, ing., rue Alcide-Auger, Biarritz.
1925 HENRIC, Jean, nég., rue Claudius Magnin, Le Boucau.
1911 HERELLE, Georges, prof. hon. de l'Univ. 23, rue Vieille Bou-
        cherie, Bayonne.
1924 HÉRISSON-LAROCHE, Hôtel de famille. Jardin Public, Biarritz.
1917 HEURAULT, Jules-Auguste, villa La Feuillée, Beyris.
1922 HIRIART, Joseph, arch. 5, av. Alphand, Paris, 16e.
1920 HIRIGOYEN, abbé Laurent, missionnaire, Hasparren.
1920 HOUNAU, Victor, rentier, Villa Sous-Bois, Arènes.
1918 HOURDILLÉ, Roger, cond. des P. et Chaussées. Fez, Maroc,
        boîte postale, 2.
1925 HUGON, Gabriel, sous-dir. des Forges du Boucau.

1923 IGUINIZ, graveur, 45, arceaux du Port-Neuf.
1925 IMATZ, Charles, prop. Hôtel Imatz, Hendaye.
1925 IMATZ, Edouard, 33, rue de l'Imprimerie, Versailles.
1923 INCHAUSTI, Manuel de, Santietchea, Ondarreta, St-Sébastien.
1926 INDA, docteur Jean, Saint-Palais.
1919 IRATCHET, chir-dent., 1, rue Poissonnerie.
1923 IRIBARNE, docteur, maire de Labastide-Clairence.
1923 IRIBARNE, Joachim, 34, rue Poissonnerie.
1922 IRIGARAY, Cnt, 36 rue des Basques.
1926 ITHURIA, Léon, rue du Quai, Hendaye.

1917 JAULERRY, Mlle, villa Jaulerry, Biarritz.
1922 JAUPART, capit. 3e rég. de la Légion étrangère, Fez, Maroc
1926 JAURÉGUIBERRY, docteur, rue du Mar. Harispe, St-Jean-de-Luz
1926 JEANNIN, Gaston, ing. Villa Bi-an-Ayac, chem. Masure.
1917 JÉROME, Henri, libraire, 2, place du Réduit.
1925 JOLIVET, Comt, Cazaubon, Tarnos (Landes).
1912 JUNCAR, Maurice, tapis. 11, rue Port-Neuf.

1917 LABASTIE, Henri, nég., 2, place du Réduit.
1919 LABASTIE, Henri fils, nég. 2, place du Réduit.
1923 LABORDE, Jean, prés. soc. encourag. agric. Migron, Biarritz.
1917 LABRANQUE, entrepreneur, rue Ste-Catherine.
1917 LABROUCHE, Joachim, avocat, 3, place du Réduit.
1917 LABROUCHE, Mme Maurice, Château de Castillon, Tarnos.

1917   LABROUCHE, Maurice, Château de Castillon, Tarnos.
1925   LABROUCHE, Pierre, art.-peintre, Rita-Baïta, Ciboure.
1921   LABROUQUÈRE, insp. prim , rue Am. Jauréguiberry, St-Esprit.
1925   LACAZE, Auguste, 14, rue Vainsot.
1922   LACHIQUE, Joseph, nég., chemin de Marhum.
1920   LACOMBE, Augustin, rentier, villa Clémence, Biarritz.
1920   LACOMBE, Georges, rentier, 137, boul. St-Michel, Paris, 5e.
1924   LACOMBE, Léo, villa Clémence, Biarritz.
1922   LACOUR, docteur Prosper, 11, rue Duler, Biarritz.
1922   LACRAMBE, Int. m^{re} en retraite, villa Juanita, Arènes.
1917   LAFFITTE, ing. au Central Garage, Biarritz.
1918   LAFFONTAN, Georges, ind., Villa Le Prissé, St-Pierre d'Irube.
1911   LAFONT, Pierre, Le Mounédé, Saint-Etienne.
1921   LAFONT, François, rue Lormand, 23.
1911   LAFUSTE, Gustave, entrepreneur, Lachepaillet.
1926   LAGARDE, pharmac. du Sanatorium d'Hendaye-Plage.
1913   LAGROLET, Charles, ing. 3, allées Boufflers.
1917   LAGROLET, Eugène, nég., 3, allées Boufflers.
1923   LAHARRAGUE, Léon, villa Pia.
1922   LALANDE D'OLCE, colonel de, château de Camiade, Biarrote.
1925   LALANDE D'OLCE, François de, chât. du Poy, St-Martin-de-
       Hinx, (Landes).
1919   LALANNE, Paul, avocat, 4, rue de l'Evêché.
1925   LAMAISON, villa Ene Ametsea, rue Maubec.
1917   LAMARQUE, abbé Jean, profes. à St-Louis de Gonzague.
1920   LAMARQUE, avocat, 10, rue Port-de-Castets.
1922   LAMBERT, agrégé de l'Univ., Maison Cazalis, Marrac.

1925   LAMBERT, Elie, prof. agr. Maître de Confér. à la Faculté,
       2 bis, rue Elie de Beaumont, Caen.
1917   LAMM, à Capbreton.
1923   LANDABURE, pharmacien, 16, rue Victor-Hugo.
1914   LANDOUSSY, abbé, prof. à St-Louis-de-Gonzague.
1924   LANDRIEU, Pierre, ind., villa Petit Bocage, Beyris.
1920   LAPEYRÈRE, Etienne, propr. à Castets-des-Landes.
1920   LAPPARENT de, prof. à l'Université de Strasbourg.
1917   LARRAIDY, docteur, Hasparren.
1917   **LARRAIDY, Pierre, Hasparren.**
1926   LARRAMENDY, Joseph, entr., boul. des Pyr. St-Jean-de-Luz.
1918   LARRE, Gaston, chan. curé de Ste-Eugénie, Biarritz.
1923   LARRE, Mlle Gabrielle, calle Miguel Bombardo 351, Porto.
       (Portugal).
1917   LARREBAT-TUDOR, architecte, Port-Vieux, Biarritz.
1918   LARRETCHE, Martin, ing., 3, rue Victor-Hugo.

1925   LARRIEU, docteur, Montfort-l'Amaury (S.-et-O.).
1915   LARRIEU, Amédée, 8, rue Jacques Laffitte.
1911   LARRIEU, Jean, entrepreneur, 22, rue Pannecau.
1927   LARRIVIÈRE, Jean. villa Haïa, Biarritz.
1918   LASCOR, représ. de com. 14, rue d'Espagne.
1913   LASSERRE, chan. secrétaire général de l'Évêché.
1912   LASSERRE, doct. Georges, 3, place du Réduit.
1923   LASSERRE, Léon, insp. des fin. 37, rue de Lille, Paris, 7e.
1913   LASTRADE, Henri, entrep. de peint. 17, rue de Lue.
1919   LATAILLADE, docteur, 7, rue Thiers.
1925   LAUBIE, Pierre, réd. au Cour. de Bayonne, 9, r. Jacques Laffitte.
1920   LAUVRAY, pharmacien, 30, place St-Esprit.
1921   LAVIGNASSE, Etienne, serrur. d'art, 37, rue Douer.
1921   LAVIGNE, Comt, villa Lachepaillet, Ville-en-Bois.
1911   LAXAGUE, Jean, avocat, villa Pia.
1921   LAXAGUE, Pierre, avocat, 30, rue de la Salie.
1921   LE BANNEUR, A., chim. hon., villa Champéou, St-Jean d'Anglet
1918   LE BARILLIER, Albert, Maire d'Anglet.
1918   LEBAS, Mme Arthur, 11, rue du Bourg-neuf.
1926   LE BEUF. Madame Lucien, Place de la Liberté.
1925   LEFEBVRE, Th., prof. chez M. Collin, villa des Marronniers, rue Gambetta, Montmorency (Seine-et-Oise).
1923   LEFEUVRE (Mme Jean), 5, rue Alfred Stewens, Paris 9e.
1922   LÉON, Albert, doct. ès-lettres, prof. rue du Port-Neuf, 2.
1918   LÉORAT, juge au Trib. civil, 2, rue Jacques Laffitte.
1920   LÉREMBOURE, Dr. Michel, Grangabaïta, St-Jean-de-Luz.
1915   LE ROY, Pierre, dir. de la maison Worms, villa Normania, Arènes.
1924   LEROY, Robert, prof. de rhétorique, Lycée de Bayonne.
1918   LESCA, Charles, 84, boul. de Courcelles, Paris, 17e.
1918   LESCA, Jacques, 84, boul. de Courcelles, Paris 17e.
1922   LESPÉS, Paul, conseiller hon. rue Lormand, 16.
1925   LESTAGE, maire de Castagnède, p. Carresse (B.-Pyr).
1925   LETAMENDIA, Jean-Pierre, armateur, avenue de Verdun, Saint-Jean-de-Luz.
1923   LE TANNEUR, Jacques, 35, Place Gambetta, Bordeaux.
1920   LEVI, Albert, 16, rue Argenterie.
1903   LEVY, Edmond, bibl. du Cons. des Arts et Métiers, 292, rue Saint-Martin, Paris 3e.
1923   LHANDE, abbé Pierre, 5, Place Président Millhouard, Paris 7e.
1913   LICHTENBERGER, André, 201, boulev. Péreire, Paris 17e.
1921   LINGUIN, Ingénieur, rue Maubec.

1918 LISSAR, docteur, Hasparren.
1922 LOPEZ DE LA VEGA, abbé, Hasparren.
1926 LOVITON, Raphaël, 23 ter, rue des Capucins, Cambrai.
1922 LOZE, pharmacien, Anglet.
1922 LUCE, Paul, gouvern. gén. hon., villa Durcos, St-Jean-d'Anglet

1920 MAGNE, docteur, 9, rue Gambetta.
1926 MAGNIER, Jules, art. peintre, villa Eureka, Saint-Léon.
1917 MAGNIN, Charles, dir. des Forges de l'Adour, Le Boucau.
1918 MAISONNAVE, dir. hon. des douanes, 33, rue Victor-Hugo.
1917 MALÉGARIE, Charles, ing. en chef des Ponts et Chaussées,
        20, av. de Neuilly, Neuilly-sur-Seine.
1924 MALENFANT, Ferdinand, huissier, Place du Château-Vieux.
1924 MAROZEAU, Georges, Haitze-Hegoari, Ascain.
1926 MALLET, Albert, nég., 100, rue Croix de Seguey, Bordeaux.
1918 MANINGUE, Mme, 8, Allées de Boufflers.
1912 MARIEN, Comt de Hoym de, 11, rue Jacques-Laffitte.
1926 MARQUET, Pierre, remisier, 3, rue Marengo.
1921 MASSÉ, Yvan, prof. de dessin, Lycée de Bayonne.
1921 MASSON, Pierre, avocat, 10, rue de la Monnaie.
1921 MAT, Marcel, négociant, quai de Lesseps.
1921 MATHIEU, docteur, à Hasparren.
1917 MAUMÉJEAN, Joseph, artiste-peintre verrier, Hendaye.
1921 MAUPAS, Alfred, villa Javeline, Saint-Jean-de-Luz.
1926 MAXWELL, Sam, avocat, rue Lafaurie de Monbadon, 3,
        Bordeaux.
1919 MAZE, J., villa Fleur-des-Champs, St-Etienne, Bayonne.
1924 MAZUEL, prof. mathématiques, Lycée de Bayonne.
1924 MELIN, docteur André, Le Boucau.
1922 MENDIBOURE, G., nég., place de la Halle, St-Jean-de-Luz.
1917 MENDY, Pierre, 1, rue Thiers.
1924 MENU, A., docteur en pharmacie, 10, rue Gambetta,
        Saint-Jean-de-Luz.
1925 MESNARD, Marc, remisier, 16, rue du Château, Biarritz.
1918 MESNIL, Henri du, rue du Professeur Pozzi, Bergerac.
1921 MESTELAN, Félix, maison Lhoste, Lahonce.
1925 MESTELAN, Pierre, industriel, à Mousserolles.
1920 MEURGEY, Jacques, homme de lettres, 113, rue de Cour-
        celle, Paris 17e.
1921 MEURVILLE, André Petit de, adjoint, rue Tourasse, Saint-
        Jean-de-Luz.
1921 MEURVILLE, Louis Petit de, 16, rue de Liège, Paris 7e.
1924 MINDER, Charles, villa La Rhune, Saint-Jean-de-Luz.

1925   MOLÉRÈS, Gabriel, douanes, Irun, Espagne.
1924   MOLIA, J.-B., négociant, 38, rue des Cordeliers.
1918   MOLINÉ-L'ÉGLISE, Mme, 91, rue de Lauriston, Paris 16e,
1910   MONCOQ, lieut.-col., Saint-Pierre-d'Irube.
1926   MONGRAND, Pierre, clerc de notaire, 28, rue Lormand.
1926   MORANGÉ, doct., méd.-chef Sanatorium, Hendaye-Plage.
1922   MORAND-MONTEIL, Mme, Manoir d'Hardoy, Bayonne.
1921   MOREL, doct. André, 16, rue Thiers.
1921   MOREL, Joseph, avocat, 47, rue d'Espagne.
1917   MOULIER, abbé, vicaire à St-Pierre-d'Irube.
1919   MOULONGUET, Paul, notaire, 9, rue Victor-Hugo.

1925   NEYS, Henry, architecte, 19, rue Victor-Hugo.
1924   NICOLAS, Henri, chef de div. à la Préf. de Police, Paris.
1913   NOGARET, Joseph, insp. des Chemins de Fer du Midi en
         retraite.
             2, Allées de Boufflers.
1922   NOVION, Louis, architecte, quai Galuperie, 18.

1912   ORILLARD, Paul, architecte, 33, boulev. Alsace-Lorraine,
1925   ORMOND, P. Selby, Dorria, Ciboure.
1923   OUDIN, Victor, propriétaire, Urt.
1918   OYARZUN, Carlito, au Petit Paradis, Saint-Léon.

1922   PAILLERY, Georges, 10, rue Adam-Leroux, Courbevoie (Seine
1918   PAGÈS-LEBAS, Mme, 11, rue Bourg-Neuf.
1921   PAMBRUN, docteur, 41, boulev. Alsace-Lorraine.
1926   PARIS, Charles, dir. usine de Mouguerre, villa Jeanne d'Arc,
             Port de Mouguerre.
1924   PASCAU, Eugène, art.-peintre, 26, rue Desrenaudes, Paris 17e
1926   PASSENAUD, G., représentant, 41, rue Rodier, Paris 9e.
1925   PÉDEBUCQ, abbé, presbytère Saint-André 9, rue des Lisses.
1926   PEREIRE, Anselme, négociant, 21, rue Victor-Hugo.
1926   PEREYRE, rue Maubec, 38.
1922   PÉRIÉ, G., peintre-décorateur, 58, quai de l'Entrepôt.
1913   PERSONNAZ, André, avoué, 3, Place du Réduit.
1913   PERSONNAZ, Mme Antonin, 22, rue Lormand.
1913   PERSONNAZ, Antonin, 22, rue Lormand.
1923   PERSONNAZ, Mme Jean, 3, place du Réduit.
1923   PERSONNAZ, Jean, 3, place du Réduit.
1918   PETIT, Carlos, notaire, Saint-Jean-de-Luz.
1918   PETIT-DUCOURAU (Mme), Saint-Jean-de-Luz.
1919   PETRISSANS, entrepreneur, Quartier St-Léon.

1925 PEYRECAVE (Mme), 2, rue Jacques Laffitte.
1917 PEYTA, Paul, propr. de l'Hôtel Continental, Biarritz.
1926 PICAMILH, Saint-Jean-Pied-de-Port.
1922 PICHÉRIT, pharmacien, Ciboure
1925 PICOT, Emile, av. de la Gare, St-Jean-de-Luz.
1922 PIGNERET, dir. du Crédit Lyonnais, Bayonne.
1918 PINATEL, avocat, 14, rue Vainsot.
1923 PLANTIÉ, Eugène, préf. hon., Louhossoa, (B.-P.).
1920 PORTALIS, Comt baron, avenue Serrano, Biarritz.
1926 PORTE, Préfecture de Pau.
1912 POYDENOT, Raymond, Mousserolles.
1911 PRADIER, Joseph, pharmacien au Boucau.
1926 PRAX, Général, Villa Miramont, Biarritz.
1917 PRESTAT, Emile, Cons. du Museum d'hist. nat. 30, r. Victor-
      Hugo.
1925 PRINGLE, Mlle Marie, villa Pringle, Biarritz.
1925 PRINGLE, Mlle Maria,   id.   id.
1925 PRINGLE, Mlle Suzanne,   id.   id.
1920 PRIOU, Colon à Sidi Sliman, Maroc.
1917 PUCHEU, Henri, nég., rue Gambetta, 4.
1922 PUCHULU, Jean, rue Bourg-Neuf, 60.
1925 PUMARIEGA, Eugène de la, Quart. des Pins, Le Boucau.
1923 PUYO, Max, dir. hon. de l'enregistrement, 2, r. Port-Neuf.
1923 PUYOBREAU, ingénieur, 10, rue Thiers.

1924 QUESNEL, Comt, St-Jean d'Anglet.

1919 RABAL, Joseph, 7, rue des Prébendés.
1924 REBOUL, Mme, rue Tourasse, St-Jean-de-Luz.
1922 RÉCALDE, abbé, curé de Ciboure.
1921 RECALDE, abbé, curé d'Ainharp, par Mauléon-Licharre.
1924 RECTORAN, Pierre, offic. en retraite, 22, rue des Basques.
1918 RESSÉGUIER, col. A. de, 4, rue Henri IV, Pau.
1926 RIBETON, Mme Léon, 25, rue Victor-Hugo.
1920 RIBETON, Docteur Jean, 25, rue Victor-Hugo.
1922 RIBETON, Marcel, avoué, 8, rue Vainsot.
1926 RISPAL, Gabriel, sculpt., 17, rue d'Épinoy, Malakoff (Seine).
1923 RIVIÈRE, comte de, villa Chisterenea, St-Jean-de-Luz.
1923 ROCQ, comt, Lutchienia, St-Jean-le-Vieux.
1918 RODRIGUES, Mme Vve, villa Saccha, rue de la Frégate,
      Biarritz.
1925 RODRIGUEZ, Pierre, nég., 40, rue Victor-Hugo.
1926 ROLL-MONTPELLIER, lieut.-col. de, villa Réséda, av.Victo-
      ria, Biarritz.

1919   ROQUEBERT, Mlle Louise, 1, rue Port-de-Castets.
1911   ROQUEBERT, Pierre, 1, rue Port-de-Castets.
1919   ROQUEBERT, Louis, assurances, 5, rue de la Monnaie.
1919   ROSTAND, Jean, Le Lys Rouge, 29 chemin Pradier, Ville-
          d'Avray.
1919   ROUQUETTE, chanoine titulaire, rue des Basques.
1924   ROUSSELET, insp. d'assur., 47, rue d'Espagne.
1923   Rue, Ch. de la, réd. en chef de Gazette de Biarritz, 6, rue
          Bourg-Neuf, Bayonne.
1927   ROUFFET, Jules, négociant, maison Rouffet, Beyris.

1924   SAINT-GERMIER, arch. boul. Victor-Hugo, St-Jean-de-Luz.
1922   SAINT-LAURENT, abbé, curé de Blancpignon Anglet.
1925   SAINT-LAURENT, René, cons. du Pérou, 10, rue Bourg-Neuf.
1912   SAINT-LOUVENT, Em. Formey de, 3, allées Boufflers.
1924   SAINT-PASTOU, Jacques de, 11, rue Jacques Laffite.
1924   SAINT-PIERRE, chan. secr. de l'Evêché, Bayonne.
1905   SAINT-VANNE, archit., villa Artizarra, Arènes.
1923   SALA, Joseph, sous-dir. Comptoir d'Escompte, Place d'Armes
1892   SALANE, Henry, relieur, 21, rue de Luc.
1919   SALLIÈRES, Mme Vve, 8, rue Vainsot.
1884   SALZEDO, Aaron, quai Amiral Bergeret.
1922   SAROÏHANDY, Jean, chargé de cours au Collège de France,
          102, avenue des Ternes, Paris, 17e.
1922   SAUTET, Alphonse, prof. hon. de l'Univ., 23, rue Victor-Hugo.
1923   SAVAGLIO, Henri, Golf Hôtel, boul. Thiers, St-Jean-de-Luz.
1925   SCHLINDER, Emile, of. en ret., 15, rue Guilhamin.
1926   SCHLOMOFF, M. le Rabbin, à St-Esprit.
1924   SÉBIRE, Eugène, ing. trav. publics, 292, rue Famatine,
          Caudéran (Gironde).
1926   SÉE, prof., prés. Ligue fran. protect. du cheval, St-Jean-de-Luz
1923   SEGUIN, 2, Allées de Boufflers.
1924   SEIGNOURET, préf. hon., 28, rue Lormand.
1911   SENS, Louis, 8, rue Jacques Laffitte.
1923   SÉRIS, Firmin, nég., 7, rue de la Cathédrale.
1921   SERRES, Julien, 24, rue Lormand.
1924   SERRES, Raoul, art. peint. grav. 237, r. du Faubg. St-Honoré.
          Paris 18º.
1918   SERVAL, César, sous-dir. des Douanes à Bordeaux, Quai de
          la Douane, 1.

1923 SILLÈGUE, colonel de, château Lagurgue, St-Laurent de Gosse (Landes).
1919 Sillié, Victor, insp. d'assur., maison Fort, Mousseroles.
1925 SLINGER, Mme, 10, rue Argenterie.
1920 SIMONET, Pierre, avocat, 1, rue Lormand.
1926 SIRGAND, prof. d'hist. Lycée de Bayonne.
1892 SODES, E. grav., 35, arceaux Port-Neuf.
1923 SOUHY, Adrien de, cons. gén. Mauléon-Soule.
1913 SOULANGE-BODIN, min. plén., Le Bosquet, Arcangues.
1921 SOULARD, A. nég., 6, rue Argenterie.
1923 SOUPRE, Joan, archit. diplômé, 19, rue Thiers.
1911 SOUPRE, Paul, pharmacien, 8, rue Port-Neuf.
1925 SOURBÉ, Edouard, retr. des P. T. T., route des Arenes.
1920 SOURGEN, Roger, art.-peintre, Hossegor (Landes).

1918 TABURET, prop., maison Gochoki, Anglet.
1924 TECHENÉ, F., ingénieur constructeur, 18, rue Gosse.
1926 TEILLERY, Juan, 8, rue Jules Ferry, Biarritz.
1925 TESSIÉ DE LA MOTTE, André, Ilhorots, Aroue.
1917 TESSIER, Albert, juge au Tribunal de Bayonne.
1911 TESSIER, Docteur, 7, rue Vauban.
1924 TESSIER, Gabriel, villa Agour, Arènes.
1922 THOMAS, Mlle Esther, 6, rue Notre-Dame.
1926 THIERRY SANDRE, 145, rue de Rome, Paris, 17e.
1922 TILLAC, J.-P., art.-graveur, Les Roses, Cambo.
1926 TOURNIER, André, agronome, Guiche.
1921 TRÉVISE, duc de, 1, av. Victor-Emmanuel, Paris.

1925 VAILLANT, Charles, 38, rue Victor-Hugo.
1925 VANIER, Mlle, 19, avenue Mozart, Paris 16e.
1926 VARIN, peintre, villa Ama Baïta, Guéthary.
1922 VASSEROT, G. de, Château de Rance. St-Etienne, Bayonne.
1912 VÉQUY, de, entr. de peint. 3, rue de l'Ecole, St-Esprit.
1919 VERDUN, docteur, 10, rue Lormand.
1922 VERGÈS, Mme de, villa de Vergès. Biarritz.
1918 VERGÈS, comt de, villa de Vergès, Biarritz.
1922 VERGEZ, avocat, 29, rue Thiers, Bayonne.
1917 VERSIN, ing. à la fonderie de Mousserolles.
1924 VEYRIN, Mme Th., 1, r. du Prince-Eugène, Le Havre.
1923 VEYRIN, Philippe, villa Doréa, boul. Victor-Hugo, St-Jean-de-Luz.
1924 VIAI, Gén. de, vil. Moderne, Aïce Errota, St-Jean-de-Luz.
1926 VIALA, villa Toki-Eder, av. Marie-Anne de Neubourg

1926 VIALLATE, Raymond, maison Barbarenia, Ahaxe, par St-Jean-Pied-de-Port.
1917 VIGNAU, pharmacien, 53, rue d'Espagne.
1923 VIVENT, François, villa Lenbeye, Anglet.
1917 VOULGRE, docteur, villa Toki Ona, St-Léon.
1922 VOYART, Paul, adm. disp. Laennec, rue Clément, 25 bis, Bordeaux.

1924 WEBSTER, Melle., 60, rue Gambetta, St-Jean-de-Luz.
1895 WEILLER, avoué, 28, rue Lormand.
1920 WURTZ, docteur, Frédéric, 5, rue Vauban.

1917 YBARNÉGARAY, Jean, député, rue Victor-Hugo, Etude de Me Roussel, avocat, Bayonne.
1925 ZO, Henri, art.-peint., 126 boul. Montparnasse, Paris.

Abonnés

Cercle Militaire de Bayonne.
Chambre de Commerce de Bayonne (2 abonnements).
Bibliothèque Municipale de Bayonne.
Hispanic Society of América, 156 Street of Broadway, New-York, E. U. d'Amérique.
New-York public Library, chez J. Terquem, 1 r. Scribe, Paris 9º.
Syndicat d'Initiative, Bayonne.
John Crerar Library, Chicago, Illinois, E. U. d'Amérique, Avenue de Randolph,
Planchenault, Jules, 15, rue Hamelin, Paris 16e.
Mme la princesse de Faucigny-Trévise, 11, rue Hamelin, Paris, et 2, rue Lavigerie, Biarritz.

Membres Correspondants

JULLIAN, Camille, de l'Académie française. 30, rue Guynemer Paris 6º.
RIVIÈRE, Gustave, dir. de la Station agronomique de Versailles.
Collignon, docteur René, membre de la Sté anthrop. de France, 6, rue de la Marine, Cherbourg.
NODON, Albert, doct. ès-sciences, 12, r de Moulis, Bordeaux.
RUTOT, cons. du Muséum d'Hist. nat., Bruxelles.
SAVARIT, C. M., 4, rue de la Glacière, Paris, 13e.

Publications reçues par la Société des S. L. A. E. R.
au cours de l'Année 1926

AIX. — *Annales de la Faculté de Droit* 1924-1925.

Annales de la Faculté de Lettres 1921-1922.

Séance publique de l'Académie des S. Agr. A. B. L. 1925.

Académie des S. Agr. A. B. L., 1924-1925.

Rapport sur le fonctionnement du Musée Arbaud 1926.

ALBI. — *Bulletin de la Société du S. A. B. L.* 1925.

AUCH. — *Bulletin de la Société d'Histoire et d'Archéologie du Gers,* 1925.

BAYONNE. — *Gure Herria* 1925-1926.

Le bi-centenaire de la Chambre de Commerce de Bayonne, Notice commémorative 1726-1926.

Bulletin du Musée Basque 1926.

BIARRITZ. — *Biarritz-Association* 1925-1926.

BORDEAUX. — *Le Sud-Ouest Économique,* 1925.

Bulletin de la Société Historique et Archéologique du Sud-Ouest, 1924-1925.

Procès-verbaux de la Société Linnéenne, 1924-1925.

Actes de la Société Linnéenne, 1925.

DAX. — *Bulletin de la Société de Borda,* 1925-1926.

HAVRE (LE). — *Bulletin de la Société des Amis de l'Institut Océanographique,* 1926.

MACON. — *Annales de l'Académie de Macon,* 1924.

MONTAUBAN. — *Bulletin archéologique historique et artistique de la Société d'Archéologie de Tarn-et-Garonne* 1923-1924.

PARIS. — *Nova Francia,* organe de la Société d'histoire du Canada, 1925-1926.

Répertoire d'Art et d'Archéologie, 1924.

Académie des Beaux-Arts 1925-1926.

L'Arbre, bulletin officiel de la Société française des « Amis des Arbres, 1925.

Ministère de l'Instruction Publique, *Bulletin archéologique du Comité des travaux artistiques et scientifiques.* 1924.

Comité des travaux historiques et scientifiques. — Procès-verbaux 1921-1925. — Congrès 1923-1925.

Compte rendu du Congrès des Sociétés savantes de Paris et départements, 1925.

Tables générales des bulletins du Comité des travaux historiques et scientifiques, 1925.

Bulletin de la Société de Géographie, 1925.

Bulletin archéologique, 1924.

Bulletin philologique et historique, 1924.

Le redressement Français. — Organisation et réformes.

Dictionnaire Topographique du Cher. Impr. Nat. 1926.

PAU. — *Revue régionaliste des Pyrénées 1925-1926.*

Bulletin de la Société des S. L. A. 1925.

Rapports et Procès-verbaux du Conseil général des Basses-Pyrénées (1923-1925).

POITIERS. — *Société des Antiquaire de l'Ouest, 1925-1926.*

Le Centre Ouest de la France (encyclopédie régionale illustrée 1926)

SAINT-GAUDENS. — *Revue de Comminges 1925-1926.*

TOULOUSE. — *Era bouts dera Mounlanho 1925.*

Annales du Midi, 1925.

Armanac dera Mounlanho 1926.

TROYES. — *Société Académique de l'Aube, 1924.*

SOCIÉTÉS ÉTRANGÈRES

ATHÈNES. — *Les fêtes de Delphes* en mai 1927.

LA HAYE. — *Académie de Droit international, 1925.*

LIÈGE. — *Enquêtes du Musée de la vie Vallonne, 1925.*

PAMPELUNE. — *Boletin de la Comision de Monumentos historicos y artisticos de Navarra, 1925-1926.*

PRAGUE. — *Bulletin international. Académie tchèque des sciences, 1925.*

Almanach de l'Académie de Prague, 1925.

SAINT-SÉBASTIEN. — *Revue internationale des Etudes basques, 1925-1926.*

Euskera, 1926.

Boletin de la Sociedad de Estudios Vascos, 1925-1926.

Asamblea de pesca marilima vasca, 1925.

STRASBOURG. — *Guide pour l'observation des tremblements de terre,* E. Rothé, 1926.

VITTORIA. — *Centro de investigaciones prehistoricas* (Sociedad de Estudios vascos) 1925.

IV Congreso de Estudios vascos (*Sociedad de Estudios vascos*), 1926.

Eusko Folklore (Sociedad de Estudios vascos) 1925-1926.

OUVRAGES DIVERS

BAUMANN, Albert. — *Potasses et pétroles en Béarn*, Conférence, Bordeaux, 1926.

GUIGNARD L. — *Les Ibéro-Mastiennes*, Autun, 3 fascicules 1926

HACHETTE. — *Guide illustré*. — *Le Pays basque Français et Espagnol* 1926.

LAMBERT, Elie. — *La Influencia de S. Denis y la iglesia de Cambociro*, Madrid 1926.

L'Architecture musulmane du Xe siècle (Extrait de la Gazette des Beaux-Arts), 1926.

La Cathédrale de Laon (Extrait de la Gazette des Beaux-Arts), 1926.

WOLFF HOWE. — *La vie et la correspondance de Barrett Wendell*, 1926.

ERRATA

Bulletin 3-4 1925, page 425, Monuments historiques des Basses-Pyrénées, ajouter : 2 bis, BAYONNE, restes de l'enceinte romaine, classés le 30 Mars 1887.

Bulletin 1-2 1926 :

P. 151, n. 4 : *au lieu de* : p. 2, *lire* : p. 150.

P. 152, ligne 24 : *au lieu de* : n'hésitait pas écrire, *lire* : n'hésitait pas à écrire.

P. 156, ligne 22 : *au lieu de* : Lautreci, lire : Lautrecii.

P. 166, ligne 17 : *au lieu de* : 24 *février* 1524, *lire* : 24 *janvier* 1524.

P. 167, ligne 19 : *au lieu de* : donnés, *lire* : données.

TABLE DES MATIÈRES DE 1926